自我が人生を導く

神戸天然物化学の起業と発展

広瀬克利
HIROSE KATSUTOSHI

幻冬舎MC

自我が人生を導く

――神戸天然物化学の起業と発展――

はじめに

　私の人生を振り返ると、本流としては、
誕生→幼少期→学生時代→サラリーマン時代→結婚・育児→神戸天然物化学の創業→会社経営時代→マザーズへ上場→家内の介護と死去→引退と老後人生→人生の終点。
と続き、現在は81歳を迎えて老後人生を生きている。ターニングポイントのみを書けば簡単だが、その間にも色々なことが重複して起こった。

　詩人・高村光太郎の「道程」が示すように人生は未知の出来事に満ち溢れている。一般的な人生に加えて、次々と新規問題が起こる。そこには私1人では対処できない出来事も起こる。しかし、問題点は異なるが全ての人が大きな問題を抱えて生きている。我々の努力で解決できる問題もあれば、解決できない問題も沢山ある。

　それでも新しい人生を築くのは我々であり、81歳を過ぎても未知の世界への出発はワクワクするものがある。人生の最終段階を生きているが、この期に及んでも〝何か新しい仕事ができないものか〟と考えたりする。勿論、考えるだけでは意味がないので老後人生を楽しいものにしたい。

私は父の自我（信念）との戦いを何度も繰り返してきた。初めはどうにもならない相手だったが、武力（勿論、使ったことはない）と知力を高め、徐々に子供の方が優勢となった。

サラリーマン時代の人事異動（研究部から製造部、営業部へ）による私の人生の修正、結婚と大家族主義との戦い、重度障害児（長男）の養育、神戸天然物化学（株）の起業、家内のリューマチと脊髄小脳変性症の難病との付き合い、家内の介護、家内の急性心不全による突然死との遭遇等々が発生し、本流の人生の中に沢山の問題が関わってきた。また、55歳の時に筑波大学の博士課程に入学して、大変な人生の道草をした。これらの出来事を含めた営みが私の人生である。

7人兄弟の長男として生まれた父は自分の力で幼少時（11歳の頃）に農業に見切りをつけて商売人への道を歩み、商売人として成功した苦労人である。その間に「商売人で成功する」という強い自我を得たのだろう。父は2度の起業で自分の意志を貫いた。私に対して「勉強をする必要はない、家事を手伝え、困れば社会に聞け」と言って私を育てた。

父は私と人生について話すことはなかったが、私を商売人に育てたいと思っていた。私も幼少期には両親の教えを守り、家事を手伝い勉強をしないので私の成績はどん底だ。家では手伝いをする良い子だったが、気が付けば学校では落ちこぼれの敗者となっていた。

母は宗教を信仰し、教会で小さな御社を拝んでいる。勿論、家にも小さな御社を祭っている。この中に神様がいると教えるが、私は信じられない。

両親は大変な苦労に基づく強固な人生観（自我）を持っているので、根本的なところでは譲らない頑固者だった。私は両親の自我と戦いながら自分の人生を構築していった。

小学校5年生の時に、神様とは何か、毎日考えるようになった。

神様とは何か→自然界は科学原理で動いている→神とは科学ではないか→科学を学び研究者になりたい

半年以上考えたと思うが、「神は科学」ではないかと考え、将来は科学を勉強して研究者になりたいと密かに思い始めた。ここに私の自我が確立され、この自我に従い両親と異なる人生を歩むことになった。

両親と対立しながら、自分の人生を粘り強く求めることになる。関西学院大学理学部の修士課程に進学した時から家業の跡継ぎを諦めてくれた。しかし、父が作った大家族主義による家族の呪縛から解放されるには、父との戦いはまだまだ続いた。

長く続けることは途轍もない力を与えてくれる。自我は生きる為の信念のようなもので、一過性のものではない。この自我が壊れない限り戦いは続く。12歳の時から81歳になる現在まで自我に基づき真面目に生き抜いてきた。

研究者にはなれなかったが、現在は40名近くの博士取得者と１００名以上の修士取得者を雇用する研究開発会社を設立し、経営している。私も筑波大学で博士号を取得し、3年間も筑波大学で大学院生を対象とする2単位の集中講義をさせて頂いたので、子供の頃の目標（自我）は何とか果たせたのかも知れない。

長い時間を掛けて目標（自我）に向かって進めば、不可能とも思えることを成し遂げることができる。

父は長男ではあるが、農業から飛び出し商売人への道を進んだ。新しい道を開拓することにより、父も素晴らしい人生を歩めたのだろう。私は父が求めた商売人への跡継ぎを拒否し、化学分野で研究開発会社を設立し、経営者の道を歩んだ。お陰で父が敷いた路線とは全く異なる人生を歩んできたが、私も面白い人生を歩めたと思っている。

人生は未知の世界との出会いに満ちている。未知の世界は私に苦悩を与えるが、長い時間を掛けて向き合うことにより、少しずつ楽しみに変化してきたように思う。

苦しみの中から楽しみも生まれるので、大変な人生を歩んできたが、面白い人生を送ることができたと感じている。

幸い、健康にも恵まれ、退職によってあり余る時間を手に入れた。友人の勧めもあり、自我が私の人生を形成したこと、研究開発会社を起業できたこと、人生の難問に立ち向かっていけたこと等の3テーマについてまとめてみた。

自我とか、難問に向き合い、考えることにより人間の本質や人間が持っているメカニズムが少しは見えてくる。この本ではこれらの本質とかメカニズムについても考察した。

まだまだ若いと思っていたが、気が付けば81歳を超えたので、老い先短き老人だ。余生は平均寿命から考えて、まだまだ続くとは思えないが、人生１００年時代とされている。私も後10年程度は元気で頑張り、若者の気持ちで暫くはこの世に居座りたい。

目次

起業編　「付加価値経営は会社の基本」

経営編　「神戸天然物化学株式会社の発展」

経営思想編　「ビジネスを成功させる為に」

人生編「単純な人生など存在しない」

老後人生編「おまけの人生の過ごし方」

生い立ち編

「勉強こそが人生を切り拓くと信じて」

1. 両親の時代

私は広瀬家の長男として昭和16年12月20日に神戸市で生まれた。太平洋戦争は昭和16年12月８日に始まったので、戦時中に生まれたことになる。太平洋戦争は昭和20年８月15日に終戦を迎えるが、大変な時期に生まれたものだ。勿論、戦争と終戦後の混乱期を生き抜いた両親はもっと大変だっただろう。

私の人生は両親の生きてきた時代とか両親の考え方に大きな影響を受けてきたので、両親の生い立ちから話を進めたい。

両親は奈良県高市郡高取町で明治36年に各々７人兄弟の農家の長男と長女として生まれた。父は尋常小学校を卒業後、神戸の米屋に11歳で丁稚奉公に出た。当時は「産めよ、増やせよ」の時代で現在の少子化の時代とは全く異なる。

現在の義務教育は小学校と中学校の９年制度であるが、当時は尋常小学校を４年生で卒業となる。しかし、貧乏な家庭の子供は直ぐに働きに出る。父は食い扶持減らしと呼んでいた。両親からは尋常小学校の話をあまり聞いたことがないので詳しいことは分からないが。厳しい家庭環境であり勉強どころではなかったと思える。

父は長男でもあり、家の手伝い（農業）を一生懸命していたので、近所の隠居さん（旧武士）に見込まれ、習字を教えて貰った。習字は上手で現役引退後は近所の奥様方とか子供に習字を教えていた。それでも私は両親から習字を含めて勉強を教えて貰った記憶は全くない。

両親は20歳で結婚し、米屋を神戸市の新開地で開業した。経緯は知らないが大変な努力があったと推定される。母の学歴を知らないが尋常小学校を卒業後、農業を手伝い、お見合いで父と結婚したと思われる。母は師範学校に進み教師になるのが夢だったと言っていたのを聞いたことがある。母は勉強ができたのかも知れない。母の実家は庄屋をしていた。母の父は奈良県で県会議員をしていたが、持ち出しが多くて生活は苦しかったらしい。母の弟もその子供も町会議員をしていたから、政治家一族だ。

母は私が小学校の入学時に、自分の名前を書けなかったとか、ノートの使い方を知らなかったと嘆く。名前を書けない息子の母として、恥ずかしい思いをしたのだろう。母からは何度も「この子は勉強ができない」と言われて育った。実際、私は勉強をしないしできなかった。
言葉は勝手に喋れるが、字は勝手に書けない。誰かが教えなければ書けないし両親から教えて貰ったことはない。勿論、幼稚園にも行っていない。優しい母ではあるが従順で気楽な性格を持っていた。父はがみがみ言うタイプでうるさい父であるが、理屈には筋が通っている。

選挙になると即興でマイクを握り特定の市会議員を応援していたので父も政治好きだった。両親の性格は全く異なるが仲は良く、喧嘩をしたのを見たことがない。母は父の言いなりになっていた。その方が居心地は良かったのだろう。

戦前に父の始めた米屋は繁盛した。自転車とか馬車の時代ではあるが、自動三輪車を購入しハイカラさんで通っていたようだ。しかし、戦争が始まると米は配給制度になり米屋は全て統制経済になりサラリーマンに組み込まれていった。

父は10年程度サラリーマンを経験し、最後は米穀会社で常務取締役となっていた。私は神戸市（新開地）で生まれたが、戦争の機運が漂い危険を感じた父は神戸市の山の手（長田区、鶯町）に比較的大きな一軒家と農地を借り疎開をした。神戸大空襲で新開地一帯は焼けてしまったが、疎開のお陰で家族は生き長らえた。父の「先見の明」のお陰だ。

両親の兄弟たちも生誕地（奈良県）では食っていけないので、神戸で働いていたが、大空襲で焼け出されていた。父は面倒見が良く何家族もの人たちが我が家で生活をしていた。

人様のお世話をするのに大変な力を入れていた。畑では沢山のサツマイモが作られ地下室に保存されていたので食糧には困らなかったようだ。不思議なことに父は戦争に召集されなかった。父は社会変化に敏感に対応し、我々家族とか親族を守った。ご近所の人にも自宅の風呂を開放していたので心の優しい人だし、父の人生観として、「お互い様」の助け合いの精神が強かった。

昔はサラリーマンよりも自営業の方が儲かり、やり甲斐もあったのだろう。49歳の時に会社役員を投げ出し、夢をもう一度ということで2度目の小売商を疎開地の近くで創業した。

戦前戦後は自営業の方がサラリーマンより遥かに収入が多く裕福になれた。戦後は労働組合が強くなりサラリーマンは毎年給与が上昇したので、気が付けば大半の自営業者よりもサラリーマンの方が収入は多くなっていた。

●自営業の開設と私の仕事

当時の自営業は自分たちで職場を作り、身の丈に合った仕事を継続する。その為に家族は貴重な労働力で父もその考えで自営業を経営していた。従って、大きな会社を作る目的ではなく、自分たち（家族を含む）の職場を構築するのが目的だったように思う。だから、父の経営は戦略に基づく経営ではなく、成り行き任せの経営と思えてならない。

父はサラリーマン時代にも、母に毎日畑仕事の指示をしていた。私は小学校から帰ると母と共に畑仕事が待っていた。父は49歳の時に燃料と食料品の小売商を両親と姉で開業したが、人手が足りない。燃料の配達員とか店の後片付け等の力仕事が私の仕事になった。また、父は尋常小学校しか出ていないが社会大学で勉強をしてきたと、はばからない。これらの経験からだろう、「勉強をする必要はない、家の手伝いをしろ、困ったことに出会えば社会から学べ」の方針で私を厳しく育てた。二宮尊徳像と同じ薪を背負う道具『背負子《しょいこ》』で小学校5年生から中学生頃までは炭とか薪を配達した。高校からはバイクになった。休日は当然のこととして、学校から帰ると手伝いをさせられた。我が家は徐々に家族総出で働く体制となっていった。

中学3年生の時に校長先生が朝礼で〝親の手伝いでヤミ米を運ぶのは悪いこととは思

わないが、帽子を脱いでやって欲しい〟と言われた。私のことだと直ぐに分かったので、次の日から帽子を脱いで手伝った。戦後の混乱期に育った子供たちが働くのは私だけではない。幼少期は両親の方針通りに生きざるを得ない。家では従順な良い子だが、気が付けば学校では勉強ができない落ちこぼれの敗者になっていた。

同級生の女性も子守ばかりさせられ勉強等はできなかったと証言している。小さな子供を連れて学校に来ている生徒がおり、先生が困っておられたのを記憶している。児童福祉とか労働基準法なんかは関係のない時代だ。

今から考えると完全な児童虐待に当たると思うが、父はもっと厳しい時代を過ごしてきたので、文句はいえない。

しかし、日本政府は子供の教育に力を入れ巨額の資金を注ぎ込み勉強をさせようとしているが、父は自分の子供に勉強をする必要はない、家の手伝いをしろと強要した。父の方針は国家方針にそぐわない行為ではあるが、悪気はないし父は自分の方針が正しいと信じていた。勿論、誰も私を助けてくれる人はいない。

コメ行政に関わりながらヤミ米を販売していた。ヤミ米を販売しても捕まらないと確信していたのだろう。社会正義には無頓着で、税金も払いたくない人だ。私とか家族には厳しい面があったが、人の為なら若干の社会正義に反することをいとわない面もあった。勿論、報酬は貰ってないが、家族からは非難されていた。勿論、私も大反対で、そんな父を軽蔑していた。父を反面教師として育った。父は勉強もしてないため帳簿の付け方とか簿記も分からないので、税務署が怖い存在となっていた。

●父の考え

父は読み書きそろばんができれば、社会で困ることはないと考えていた。従って、科学、音楽、数学、文化とか教養に繋がる勉強は必要ないと考えていたようだ。家で将棋をしていたら、こっぴどく叱られたこともある。賭け事とか投資とか保証人になることは特に警戒をしていた。父は簿記が分からずに困っていたので、私は中学校で簿記を習い、真面目に勉強したので、簿記の原理原則はいまだによく覚えている。会社経営に必要な経営分析に中学校の授業が役に立った。当時は塾といえばそろばん塾で（学習塾はない）小学校の高学年時から習いに行かされた。

大家族主義の方針に従えば住み易いが、異なる考えで生きようとすると、これほどやり難い環境はない。育てて貰った御恩は感じるが、私の人生に対する考え方が家族と異なる方向に進んだので、小学校5年生の時から、父とは戦ってきた。普段から父とのコミュニケーションはない。父は雄弁な人ではあるが人の話を聞かない。話し合えば原理原則の部分で激突してしまうので、私から話す気はない。

実績で示す他はない。勝敗の結果が出るまで数年の時間が必要となる。私が成果を見せ付けると、父は手の平を返したように嬉しがり、態度を変える。あれだけ反対したのに、父は節操もなく主義主張を簡単に変更する。

これは父の処世術かも知れないが、私には理解できなかった。勿論、死ぬまで反対されても困るので、変更してくれた方が有難い。

●幼少時の思い出

父から小学生の時には食用油（石油缶）を買ってこいと言われた。この時は湊川駅で不審者と間違われて神戸電鉄の駅長室に連れていかれたが、食用油なので放免された。中学生になると、銀行へは行ったこともないが、いきなり数十万円の現金を下ろしてこいとか、国鉄の荷物取扱所から荷物を送ってこいとか言われた。私にとっては全く未経験で無理難題を押し付けられた。教育なのか自分が面倒くさいので子供に言い付けたのか分からないが、私としては困った。勿論、指示は実行できた。

新しく始めた商売は繁盛したので儲かり、近隣の土地をどんどん買い、文化住宅を建てて賃貸不動産事業を拡大していった。父はチラシを作り、私にあちらこちらの電信柱に宣伝の張り紙を貼らせる。張り紙禁止と書いてあるがお構いなしだ。父は臆病な性格だが社会公正とか道徳心には無頓着な面も多々あった。反面教師として尊敬はできなかった。

両親は仕事一本の人なので、親と遊びに行ったことは少ない。父のサラリーマン時代に会社からバス旅行に一度だけ連れていって貰った。父が旅行を取り仕切っていた。また、泳いでいる父を初めて見た。父は船釣りが好きでベラ（キュウセン）釣りに何度か連れていって貰った。米屋時代には遊漁船を借り切りベラ釣りを楽しんでいたらしい。

小学2年生の頃と思うが、キツネがスイカ畑のスイカを食べに来るので、裸電線を敷きキツネ対策をしていたが、キツネの代わりに私が感電してしまい、大変な目に遭った。倒れた時に電線を離したので助かった。私の幼少時にはキツネが生息していた。

母は40歳位の時に私の弟を病気（腸チフス）で亡くし、宗教に救いを求めた。熱心な信徒となり教会に私たちを連れていき、拝まされたが馴染めなかった。姉とか妹はそれなりに信仰をしていたが、父と私は仕方なく付き合っていた。

子供たちがソフトボールで遊んでいる隣の畑で草抜きとか害虫取りをさせられた。夏になると魚釣り（フナ）とかクワガタ虫を取りに近所の子供と山奥へ出かけた。近くの川や池に泳ぎに行ったのを覚えている。

また、6年生の時に授業をさぼって仲間とお好み焼きを食べていた。店主は先生が来たら追い返してやると言っていたが、本当に先生が来たので店主は逃げてしまった。教室の前で水の入った掃除用のバケツ二つを持たされて長時間立たされた。勉強もできないし、先生からの評判はあまり良くなかった。

還暦の時に中学校の同窓会の幹事をすることになった。月に1回程度幹事会を開いて準備をした。何時も私の隣に座る女性がいる。申し訳ないが私は知らないし、同じクラスになった記憶もないですねと尋ねると、ないですと言う。彼女は私のことをよく知っている様子なので、理由を聞いても「ちょっと」としか言わないが、彼女はお好み焼き屋さんの娘さんと後日知った。私にはそれ以外には思い当たることはない。もしそうだとしたら、彼女も気の毒にと思ったのかも知れないし、幼い頃の記憶は消えないものだからかも知れない。

幼少時代の記憶は野山を駆け巡り遊んだことと美しい山百合を見て感動したこととか、農作業の手伝いとか、感電により大変な目に遭ったことしか記憶にない。

この子は字が書けないとか勉強ができないと母は嘆いていたが、親の方針を守ったので勉強をした記憶が全くないし、小学5年生までの記憶が非常に少ない。両親は子供時代に勉強をさせて貰えなかった時代を生き抜いてきた人たちであり、子供の教育の重要性を理解できていなかったのだろう。むしろ自分たちの生活を発展させるのに必死で、子供の力までも利用した。

幼少時代にどのような生活をしてきたかを思い出せない。通知簿は親のハンコを貰い先生に返さなければならないので、親に見せていた。大半は「悪いと少し悪い」で普通がない。それでも親から叱られた記憶はない。両親は「私が全く勉強ができないと確信していた」が、それでも良いと思っていた。

勿論、教育思想は三姉妹にも同じように実行されたので、三姉妹も親の言う通り育ったので皆勉強をしないが、雄弁でたくましく育った。しかし、私の中では両親の言う通りの人生を送っても良いのか、疑問が大きくなっていった。

2. 自我の確立（神とは何か？　小学校5年生の出来事）

私は親の方針通り勉強をしないので成績はクラスで最下位だ。学校では勉強がよくできる子供は皆から尊敬される。同級生には3名の秀才がいた。M君は灘中学へ進んだ。京都大学に進学したとの噂を聞いたことはあるが、残念ながら小学校卒業後会ったことがない。

私も灘中学へ進みたいと本気で思ったが、クラスで最下位の子供が行けるはずもない。T君は地域の中学校で2番とか3番（600人中）で生徒会長も務めた。Hさんは同じ中学校で3年間1番を通したすごい人だ。私は勉強のできない子供の仲間に入り、悪さもしていたので先生の覚えも悪い。いくら家の手伝いをしても同級生とか先生から尊敬されることはない。彼ら（3人の秀才）との学力差は広がるばかりだ。

以前述べたように校長先生からも、非難される始末だ。私が叱られているが、原因は家庭にあり、私は被害者だが相談する人は誰もいない。

母は私たち子供を教会に連れて行き小さなお社を拝んでいる。この中に神様がいると言うが、にわかには信じられないし、「神様とは何か」という疑問が湧いてきた。母親に聞いても、「神様は居られて我々を見守って下さっている」としか答えない。神とは何か？　神はいるのか？　自分は如何に生きるべきかと毎日毎日考えるようになった。このまま進めば自分は意味のない人間になってしまう。半年以上思い悩んだ結果として、

「自然界を支配するのは科学」↓「神は科学ではないか？」

↓「神が科学ならば科学を学ばなければならない」↓「研究者になりたい」

科学を学び神の力を得て研究者になりたいと思った。「理科とか算数は何としても学ばねばならない」と本気で考えるようになったのは5年生の後半の出来事だ。この時に私には強烈な自我が出来上がった。

この自我を頼りに私の人生を歩むことになる。親に話をしても相談にならないと思ったし、現在までこのことは誰とも相談をしたことはない。１人で決めて、１人で実行し

てきた。

私も81歳になり両親も亡くなり、三姉妹も亡くなり、家内も亡くなり、若い頃の強烈な思いを公開しても良いと思い、公開している。

自我とは何か？　私は自我により、長い時間が掛かったが両親の育った時代とか両親の考えと決別し、新しい時代を生き抜くことになった。

この自我が小学校高学年、中学、高校、大学、結婚、就職、神戸天然物化学の設立、筑波大学博士課程に入学、さらにマザーズ（現グロース）上場等々の私の人生の大半にまで大きな影響を与えた。

もし、自我の確立がなければ自分はどうなっただろう。父ほどの苦労をすることもなく、父の敷いた商売の道に進んでいただろう。商売の道も一生懸命働くだけで生き残れるほど甘いものではない。商売も社会の変遷と共に大きな流通革命が起こっていた。

小売商↓スーパーマーケット↓コンビニ↓ネット通販

この領域で生き残るには、時代の変遷に追従できる能力、柔軟性、独創性等が求められる。とても父の教育方針では乗り切れないだろう。この道に進んでいれば多くの商売人たちと同じように、廃業して寂しい余生を送ることになっただろうと思う。近隣の同業者は沢山いたが早い時期に廃業している。父の事業を継承した義兄、義弟も長らく頑張っていたが時代の流れに埋没し最後は廃業してしまった。

姉妹から商売について何度か相談を受けたが、〝ぼつぼつ廃業したらどうか〟と進言していた。ただ、彼女たちから商売を取り除けば何も残らないので可哀そうなことになる。彼女たちも両親の犠牲者と思っているが、本人たちがどのように思っているかは知らない。

私は自我の獲得により、父とは異なる道を切り開いてきた。

私にとって自我の実行は重い決断だが、商売の手伝いをしながら勉強をする道を選ばざるを得ない。初めて算数と理科を学ばねばと本気で思い、勉強をしなければならないと決意した。しかし、この道は私の一番苦手な道であり、勉強も宿題もしたことがない。学力も最低のレベルからの出発となった。

科学が好きだから学ぶのではなく、学ぶべきだとの使命感に襲われた。それでも、6年生頃から、算数の予習をするようになった。

先生の質問に初めて手を挙げた。Y先生は5年生からの持ち上がりで広瀬の馬鹿が手を挙げたので驚かれ、直ぐに私を指名した。その後も次々と問題を出され、私を指名された。幸い、予習をしていたので全て答えることができた。先生は全く勉強ができないと思っていた生徒が急に手を挙げて全ての問題を解いたので驚かれた。

親の方針通り生きていれば自分の将来はないと思えたので、何とかして勉強をして研究者になりたいと思った。家の手伝いをしながらの勉強であり、5年生までの5年間の遅れを取り戻すのは簡単なことではない。理科とか数学は概念を理解できれば、何とかついていけた。国語は大変なことになった。特に漢字を全く知らないので国語の遅れを取り戻すのは大変なことで、文章も幼稚な文章になってしまう。勉強の仕方も知らない。国語は過去の積み重ねなので、予習をすれば良い訳ではない。今なら漢字ドリルのような参考書で勉強すれば良いのだが、そんなことは知らない。

私は自我により勉強をする気になったが、商売の仕事が減る訳ではないので、勉強をする時間が少なく苦しい戦いが続く。授業を一生懸命聞く、また、電車の広告から漢字を覚えた。

それでも夢は大きく、京都大学に進み学者を目指したいと思った。小学校の同級生ではH君が兵庫高校、京都大学に通い、京都大学の教授になられた。

自我は何処から生まれるのか？

「純粋な気持ちで、自分の進むべき道を考えることにより導き出される考え方」だろう。父の勉強不要論に従い、大きな挫折を味わったし、母の信仰も理解ができなかった。これらの疑問が私の自我を育てた。

人間には反抗期があり、親とは異なる考えを自由に取り入れ、親と対立する仕組みがあるのだろう。そのことにより多様な将来が構築される仕組みが「自我の確立」かも知れない。

私の場合でも「神は科学」という結論に達した。「科学を学ばねば」と本気で思うようになり、私の自我が確立され、両親との長い戦いが続くことになった。私は両親の自我と戦い、新しい時代に適応した自我を確立したと思っている。

しかし、両親の自我から逃れるには長い時間が掛かり、苦しめられることになった。

父親の自我に従いながら、自分の自我を大切にしてきたので、勉学面では遅れを取ったが、若い頃から沢山のお客様との付き合いができて忙しい人生を送ったので社会的な見識を広められたのも確かだ。

自我は私だけのものか？　決してそんなものではない。近くを見渡すと大なり小なり、皆が持っていることに気付く。父は11歳の時に商売人への道を選び、貧しい百姓から脱出し、母は40歳を過ぎてから宗教に自我を見つけている。私の長男は重度の自閉症児ではあるが、後に述べるが小学校2年生の時に公文塾に自ら通い始めた。

長女は花嫁修業をさせていないので、結婚生活を非常に心配していたが、料理、裁縫、掃除も上手にできるようになったのには驚く。恐らく、結婚後にこれではダメだと思い勉強したのだろう。

自我は新しい時代への対応力として生まれるのだろう。子供は親の考えに基づき育てられる。しかし、それではダメだと思えば、考え方を根本からリセットするシステムを人は持っている。それにより新しい時代を乗り切ろうとしている。私もこの自我により人生を変革してきた。

農家の子供（父）が商売人となり、商売人の子供が科学者を目指して研究開発会社を設立した。2代続けて大変な変革をしてきたことになり、その原動力は父親と私の自我の形成ではないかと思っている。親の批判をしてきたが、ある面ではよく似た親子なのかも知れない。

自我は幼少時からも生まれるし、年を取っても生まれる。自我は長く続くので人生に大きな影響を与える武器となる。私は決して頭は良くないが、学生生活を26年（小中高の12年、大学と予備校1年、関西学院大学と修士課程の6年、筑波大学博士課程の7年）続けてきた。

筑波大学の7年は二足の草鞋を履いたので、苦しい生活を送った。恐らく中学校の同級生（600人中）では最も長く授業料を払い学校で学んだ1人だろう。小学校では落ちこぼれの子供が、お陰で博士号も取得できた。小学校と中学校で主席を通されたHさんから、小学校の同窓会で〝男の人にはかなわないわ〟と言って頂いた。私のことが含まれているかは分からない。健康にも恵まれ、76歳まで社長を続けたので、多大な教育費は十分に回収でき、十分な富（株式）も得られたので採算は十分取れている。

私は学校教育のお陰で私のビジネスがある。関西学院大学理学部の修士課程を卒業後、企業の研究部で仕事をしてきたが、大学の延長線上で研究開発の仕事をしてきた。筑波大学博士課程を卒業後、翌年から「生命産業特論」を3年間筑波大学で集中講義（2単位）をさせて頂いた。


宇宙学者、生物学者、医者、スポーツ選手、芸術家、音楽家等々の特殊才能の持ち主の人は幼少時代にこれらの職業に興味を持ち強い意志を継続し大成功をした人も多い。自我についてあまり語る人はいないが、多くの人が自我を育んだのではないかと思われる。自我は決して特定の人だけのものではない。

子供たちの自我を発展させれば子供は大きく育つと思う。知識の詰め込み教育よりも、自分の人生を考えさせる教育の方が大切ではないか。その為には自分の人生について、考えさせれば良いだけの話だ。

3. 勉強とは何か

父親は勉強をする必要はない、家の手伝いをしろと言う。学校の先生は宿題をしてきなさい。勉強をしなさいと言う。幼少の頃は親に刃向かえないので、先生より親の方針に従わざるを得ない。

中卒とか高卒の人でも大変な出世をする人もいるが、一般的には難しい。社会では東大とか京大等の難関大学の卒業生が色々な分野の重要ポストを押さえている。小学校の高学年になると、何となく勉強ができなければ、落ちこぼれになるようなことを認識し始めた。このままでは私の人生は開けないと思い始めた。

それでは、勉強とは何か？　当時は学校で習う教科書を覚えることが勉強と思っていた。それも間違いではないが、今は人類が長い時間を掛けて習得した知識体系を子供に教え込むことが教育と思っている。

科学、物理、医学、化学、生命化学、宇宙、地理、数学、歴史、音楽、語学、国語、

体育等々の沢山の知識体系を学ぶことにより、本人は経験をしなくてもこれらの知識体系を習得できる。さらに知識体系の習得は自然界の摂理を習得することにも繋がるので、我々に大きな力（神の力、宗教の神ではない）を与える。特定の知識体系を深く学ぶことにより、この分野の専門家にもなれるし、一生の仕事にすることもできる。私も化学を学ぶことにより、化学の仕事で人生を築くことができた。

色々な知識体系を学ぶことにより、教養も身に付き、理性も働くようになる。人間関係も仕事もスムーズに進む。勿論、個人差が大きな分野なので、勉強ができたからといって、全ての人が成功するとは限らないが、勉強は偉大な力を持っているのは確かだ。

●勉強の効果は巨大（勉強の勧め）

勉強が如何に大きな効果をもたらすかを考えてみたい。

① 勉強ができれば難関大学にも進学でき、社会から大きな信頼を勝ち取ることができる。

② 卒業すれば待遇の良い大企業にも就職でき、経済的にも恵まれる。

③ 配偶者の獲得も有利に展開できる。

④専門分野の知識体系の習得により、その道の専門家にもなれる。専門家になれば、仕事もスムーズに進めることができる。先端分野の研究開発にも貢献できる。ノーベル賞を取るのもこのような勉強ができた人たちだ。大きな技術開発は国を豊かにするので、国家も教育とか研究に力を入れている。

⑤知識体系の獲得により、将来の予測とか仕事の進め方も分かるようになり、仕事の能力が大幅に向上し、仕事ができる人に育つことができる。

⑥理性が発達し、教養が身に付くと、人間的にも粗野で暴力的な性格から温厚な性格に変わるように私は思っている（私の主観かも知れない）。人間関係もスムーズに進むようになる。

⑦勉強ができることにより、プライドも高くなり人生に自信ができる。同様に仕事にも自信ができ、大きな仕事に取り組むことができる。

⑧優秀な人材を育成する為に国家は教育に力を入れている。教育は国家間の競争にもなっている。勉強ができることは本人とか社会に巨大な利益を与える。

勉強ができる人は大きな利益を獲得できるので、親たちは必死で子供に勉強をさせようと努力している。私の両親は知識体系の習得を妨害したことになる。子供に対して、何とも愚かな教育をしたものだと思うが、両親は勉強など不要だと、心の底から思っている人たちなのでどうしようもない。

もう少し両親が教育に力を入れてくれていれば、私の人生は早くから研究に向かい、今とは異なる人生を歩んだ可能性は強い。勿論、今の人生も楽しかったのでどちらが良かったかは分からない。

勉強をせずに社会に出れば、少ない知識で社会に対応しなければならないので、現在のように変動の大きな時代では、勝ち残れる可能性は減少する。

パソコンならばこのような知識体系をコピーするのは簡単にできるが、人間の脳は簡単には対応できない仕組みのようだ。言葉とか文字を介しての知識体系の習得には、難しいものがある。単に学べば獲得できるような簡単なものではない。友人の秀才たちも色々と努力を重ねて知識体系を習得したのだろう。

知識体系のコピーよりも、知識体系が成立する過程とか原理を学ぶ方が大事かも知れない。勉強とは何かを理解し、勉強の効果が分かれば、勉強の必要性が理解できる。勉強への取り組み方も分かるはずだ。

勉強は親からせがまれてするものではなく、「自分自身で、するべきと理解して学ぶもの」だろう。勉強は自分自身に大きな能力を与える。一番得をするのは自分なのだ。

サラリーマン時代に水質関係第1級公害防止管理者試験を受験した。理系の大卒2名は合格したが真面目な工業高校卒業者は全滅となった。かなり難しい国家試験なので、基礎的な勉強ができていなければ合格はできない。人事部の人選ミスだろう。

隣の席の受験生が話しかけてきた。〝あなたの教科書は私の教科書と違いますね〟〝私は忙しいので、講習会にも参加せずに友人から古い教科書を借りて独学で勉強しました〟と答えるとびっくりされて〝講習会も受けずに受験ですか〟と聞いてきた。彼は1時間目の試験で帰られた。

私は危険物取扱甲種の試験も独学で合格している。化学会社なので全員に受験させているが、何度受験してもなかなか合格しない人もいる。勉強不足が原因だろう。資格の取得は仕事にも関わるのでしっかり勉強して一発で合格すべきだ。

4. 父との戦いと価値観の変化

両親は明治、大正、昭和の厳しい時代（父は平成5年没）を、自分の力だけを頼りに生き抜いてきた。父は11歳の時に農家を飛び出し、商売人になると決めて生きてきたのだろう。家族と離れて1人で寂しい生活を送った。父は両親、兄弟、従妹等の親戚とか他人の面倒見を異常に大切にしていた。勿論、相手からも尊敬されていたようだ。

この考えも体験から生まれたのだろう。沢山の仕事をし、沢山の経験を積み、人生観を形成してきたに違いない。父が大切にしてきた価値観は簡単に変えられるものではない。

しかし、敗戦により軍国主義から民主主義へ、全体主義から個人主義へと大きく考え方は変わってきた。義務教育も4年制から9年制に拡大され、貧しい時代ではあるが国家も教育に力を入れ始めた。時代の変遷により社会の仕組みも考え方も大きく変わってきた。

しかし、強烈な体験をしてきた両親の考えは変わらない。サラリーマンの子供は我が家よりは貧乏だが、家事手伝いを強要されることもなく、勉強を妨害されることもない。自由な時間は山ほどある。勉強もやりたいだけできるので、彼らには勉強面では勝てない。私は学校から帰れば配達の仕事が待っているし、土日と祭日は私の労働日だ。父は勉強をしなくて良いと言うし、私は勉強をしないので、学校では完全な敗者になっていた。経済的には恵まれたが、サラリーマンの子供が羨ましかった。

中学校は1学年に６００人ものマンモス校であり、期末テストの成績が年に3回、１番から約１００番程度まで職員室の前に貼り出される。幸い3年間で番外になったことはないし、徐々に成績も上がっていった。私は親に成績のことは言わないが、公表されるので子供の成績は地域社会で知れ渡っている。個人情報も関係のない酷い時代である。お客様が両親に報告するので私の成績はバレバレである。

父は勉強をする必要はないと言いながら、私の成績を知り嬉しそうにしていた。父は単純な人で、私の成績を近所の人に自慢していた。私はそんな父が嫌で仕方がない。

そんなに嬉しいのなら、もっと勉強ができる環境を作ればと思うが、それはしない。

成績は勝手に上がる位の認識しかないのだろう。

しかし、父の始めた商売は残念ながら益々繁盛したので私の仕事はどんどん増えた。お客様の買い物、石油、まき、炭、練炭、ヤミ米、プロパンガス、石炭とか氷の配達、店の後片付け等の力仕事だ。当時、電気冷蔵庫はなく、各家庭に氷ボックスがあり1貫目の氷を各家庭に配達をしていた。配達の仕事を手伝うのは嫌いではないが、勉強をする時間がなくなるのが苦しい。

店の休日は1年間で（1月の元旦と2日の）2日間しかない。土曜日、日曜日、祝日も開店しており、ほぼ、年中無休である。学校から帰ると直ぐに声が掛かるし、土曜日の午後（学校は昼まで）、日曜日、祝日は私の労働日である。夜も遅くまで店を開けているので20時頃から勉強を始めるが、3時間とか4時間しか睡眠が取れない。体力には自信があったが、朝礼の時に寝不足で一度倒れたことがある。暫くすると回復したので軽度の貧血だろう。勿論、誰にも言っていない。

両親は私が遅くまで勉強をしているのは知っていたが、勉強などする必要はないと思っている人たちなので、私の仕事を減らすことはない。我関せずで、お金儲けに必死である。

私としては家事を手伝いながら、自分の夢を追いかける他はない。

中学3年生の時に問題は起こった。当時は家庭の経済状況により高校に進学できるのは約半分だ。勉強ができても高等学校に進学できない子供は沢山いる時代だ。私の家は金持ちだし、私の学力も問題はない。家の手伝いもしているから進学の権利はあるので進学校（県立兵庫高校）への受験申請をしていた。

ところが父は商業高校への進学を譲らない。父が始めた商売を私に継がせたいと思っていたのだろう。私は科学者への道を希望していた。両者は譲らない。

当時父は絶対的権力者で私は刃向かえない。商業高校は嫌だと家では拗ねていた。父は困り、親しくしていた中学校の体育のH先生に相談した。

H先生は県立夢野台高校を勧め、そこで1番を目指せば人生が変わると説明した。変な理屈だが、父は私に相談することなくその日の内に私の志望校を変更してしまった。

必死に頑張ってきたのに、父に進路を勝手に変更され、人生最大の屈辱を味わった。志望高校へ願書変更をしたいと思ったが、どうすれば良いか分からないし、相談する人もいない。泣き寝入りとなってしまった。

この事件は私にとって人生で最大の敗北となり、その後の人生に影響を及ぼした。自分の人生は自分で何とかすべきとの思いは益々強くなった。

小学5年生の時には進学校の県立兵庫高校へ進み、京都大学を目指して研究者になりたいと夢見ていたが、その夢は早くも父親に潰された。勿論、兵庫高校に進学していても家庭環境から、勉強時間も少ないので京都大学への進学はとても無理と思われたけれど。

中学時代はそれなりに頑張ったが、早くも夢は潰された。

中学3年生のクラスは仲が良く、私も勉強ができるグループに入り、クラスの委員をしていた。卒業式の前日には沢山のノートが机の上に置かれていた。大半は女性で、高村光太郎の〝僕の前に道はない〟の詩（道程）を書いて渡した。残念ながら、男友達は沢山いたが女性の友達はいなかった。その後も彼女はできずに寂しい青春時代を過ごした。

初恋とは何なのだろう？　中学時代には初恋もしたが、話しかける勇気はなかった。人間は有性生殖で子孫を増やす。その序曲が初恋で、相互に引き合う力が発生する。

その引力とは何なのだろうか？　男性は女性の容姿（美貌）、知性、気高さ、女性らしさに引かれる。女性の場合はよく分からないが、同じようなメカニズムが働いているとするならば、男性の容姿（イケメン）、知性と生活力（体力）、気高さ、優しさ、男性らしさに引かれるのかも知れない。

還暦を過ぎてから毎年クラス会を開催しているが、昔話に花が咲き、この年になると本音で話し合える。男性と女性が同じ要素で引き合うならば初恋は同じ人に集約されるはずであり、皆が憧れた女性は特定の女性で、憧れる男性も特定の男性のようだ。初恋のメカニズムをある程度理解していれば、自分にもチャンスはあったかも知れないと思い始めたのは65歳を超えてからだ。もっと若い頃に知っていれば、自分自身で伴侶を獲得できたかも知れない。残念ながら、仲の良いクラスだが結婚まで進んだケースはなかった。結婚には婚期、家庭の事情、経済力、仕事、運、告白の勇気等々色々な要素が絡み簡単なことではない。

人間は大脳という巨大な記憶装置を持っている。40年ぶりに会っても当時のことが鮮明に思い出される。昔の友人と会えるのは楽しいものだ。

残念ながら、自分では結婚相手を見つけられずに親が見つけてきた女性と結婚した。

それが悪いという訳ではないが、味気ない青春時代を過ごしたのも確かだ。

嫌々入学した高校ではあるが、よく考えてみると素晴らしい学校生活を送れた。まず、父より武力でも強くなりたいと思ったので、真っ先に柔道部に入部した。家事手伝いで荷物運びをしてきたので体力には自信があり、1年生の終わりには黒帯となっていた。素晴らしい化学と生物の先生に巡り会え、私の人生の出発点となった。

柔道部では先輩とか同級生にも恵まれ、色々なことを教わり、長い付き合いとなった。神戸市の大会では団体戦でベスト4、兵庫県大会ではベスト8まで残れた。

夏休みに柔道部のキャンプで東条湖に出かけた。私は釣り竿を1本持っていったので釣りをすると大きなコイがどんどん釣れたが、油断をしていると竿ごとコイに持っていかれた。T先輩が料理をされてみんなで美味しく食べた。また、私は水泳には自信があり、東条湖の横断とか縦断水泳を行ったが、同行していた水泳部のY君が溺れ出したので驚いた。中断して岸まで連れていった。

サラリーマン時代にも琵琶湖で遠泳を楽しんでいたら、ヘリコプターが私の上でホバリングをしていたので、まずいと思い岸に向かって泳いだこともある。遭難者と間違えられたらしい。

１年生の時に先輩が折衝して、兵庫区にある禅寺の祥福寺で１週間禅修行をさせて頂いた。禅修業は初めての経験で、講話なども新鮮で楽しかった。学校とお寺を毎日柔道着姿での駆け足で移動した。『神戸新聞』に大きく報道された。新聞に写真が載ったのは初めてである、また、山田無文先生のサイン入りの本も頂いた。

夢野台高校は県立第二女学校が男女共学となり生まれた学校で、女性に人気があり女性約２００人、男性約１００人の割合で素晴らしい高校だった。フォークダンスの時は笛の合図で、女性が入れ替わっていた。

柔道着を隠されたり、石をぶつけられたりするので本気で怒っていた。私が困るのを見て何人かの女性が面白がっていた。自分では女性にモテないと思っていたが、そうでもなかったのかも知れない。

高校の入学式の日に大きな学生が〝広瀬君、君は名倉小学校出身だろう〟と尋ねてきた。そうですと答えると、〝僕はIだが覚えているか〟と聞いてきた。彼は小学２年生の時に父の仕事の関係で転校したが〝君とは一番仲が良かったので、よく覚えている〟と言ってきた。

彼は直ぐに私が広瀬だと分かり話しかけてきたのだが、残念ながら小学校４年生位までの記憶が少ないので全く思い出せなかった。次の日にＩ君と私が写っている写真を持ってきてくれた。彼とは直ぐに仲良くなれた。彼は父の経営する食品会社を継ぎ、長らく社長をしていたが、早くに亡くなってしまった。残念なことである。

１年生の担任はＳ先生で化学を教わった。化学の授業は面白く、一生懸命学んだ。ところが、嫌々入学した学校なので１年生の時はやる気が全く起こらなかった。残念ながら家業も益々繁盛し家事手伝いの仕事は増えるし、クラブ活動もあるので勉強する時間が益々減ってしまった。

特に国語がどうにもならない。補習をずっと受けていたが、帰りが遅いので近所の同級生に母親が尋ねた。母は私の成績が悪いから補習を受けていることを知ったが、何も言わなかった。本来なら落第になっていたと思うが先生方の努力で何とか２年生に進級できた。名前は忘れたが同じクラスの同級生で落第した人もいた。彼は学校に来なくなった。仲が良かったのに残念なことである。Ｓ先生からは色々と励まして頂いた。

２年生の担任はＴ先生で生物を教わった。当時は教科ごとに成績を貼り出していた。生物は全体で２番だったのを覚えている。友人のＩ君が生物部の部長をしており、私も入部したいが柔道部に加え家事手伝いもあり無理なので入部はしなかったが、文化祭の時には手伝いに行ったりしていた。

生物には大変興味を持った。校内にはメタセコイア（化石は発見されていたが中国で本物の木が発見された有名な植物だ）の挿し木で先生が植えられた木が育っていた。また、メンデルの法則（遺伝）には大変興味を持った。先生の授業は学問だけではなく、人間くさい話も含んでおり面白かった。

〝休日に南京豆を貪りながらテレビを見て過ごしたが、こんなことは科学的に説明できないので全知全能の神様はいる〟と先生は言われた。私は「神は科学ではないか」と思っているので異なる考えではあるが、尊敬する先生が言うのでそうかも知れないと思った。しかし、１９５３年にワトソンとクリックは「核酸の分子構造」の論文でＤＮＡの二重らせん構造を発表し、遺伝の仕組みを明らかにした（大学で教わった）。個々の生物は設計図（ＤＮＡ）を持っており設計図に従い活動していることになる。大学で遺伝のメカニズムを学び、再度「神は科学で良い」と思えた。科学は神の領域の未知なる学問をどんどん解き明かしていく。

３年生では理系の進学クラスに入った。いよいよ追い込みの時期となったが、相変わらず父の商売は繁盛し、配達の仕事が入る。2階で勉強をしていたら直ぐに呼び出しが掛かる。家業は私の敵でしかない。

頭に来るので何日かはストライキで学校を休んだ。母は少し気を使ってくれるが、家族の理解は得られない。家族は大家族主義の体制で動いていた。特に長男には厳しい。勉強をしようと思わなければ居心地は良いが、勉強をしようと思えばやり難い環境だ。

大家族主義は私の敵以外の何物でもなくなった。親は子供の成長を願うものだが、自分たちの儲けを得るのに必死であり、子供にも手伝いを強要する。現在の考えでは完全に児童虐待に当たるが、当時はそのような考えはない。自分で何とか抵抗するしか方法はない。

家では広瀬屋の仕事を中心とする大家族主義で動いているので、私の力で解決できない。私も家族が嫌いな訳ではない。主義主張が異なるだけだが、私の力ではこの解決法が見つからない。小学校5年生の時に見た夢は遠くに行ってしまったが、科学を粘り強く求める他はない。

生物部に立ち寄ると、T先生から〝彼女はいるのか〟と聞かれたので、いませんと答えた。高校生にもなって彼女がいないとはどういうことかと叱られた。まさか彼女がいないからといって先生から叱られるとは思ってないのでびっくりした。先生は〝それではお前の彼女を作ってやろう。夢野台高校の学生なら、きっちりと付き合えるように話を付けてやる〟と言われた。

私は女性には疎い方で彼女ができたことはなく、中学校の時は片思いの人はいたが別の高校にいっているので、夢野台高校にはいませんと答えた。先生は仕方がないなと、がっかりされた様子で、君のお嫁さんは俺が世話をしてやると言われた。

私は冗談だと思っていたが28歳の時にT先生から嫁さんは決まったかと電話を頂いた。有難い話ですがお見合いで、ほぼ決まっており、先生のお世話になれなかった。先生の本気度を知ることができた。

先生からは兵庫県の生物学会の会長になったのでお前も参加しろと誘われた。また、短期大学の教授になったので飲みに来いとか誘われた。私は会社設立等で超多忙な人生を送っており、御無沙汰ばかりしている。

２０１８年に社長を引退し少し暇ができたので、２０２０年の9月にシャインマスカットブドウを先生に送ったが住所不明で返送された。調べると有料老人ホームに入所されていたので、友人と訪問したがコロナの蔓延でお会いすることができなかった。先生は大変な文化人で植物の写真（主に花）と俳句をこよなく愛され何冊もの御本を出版されている。

その後、元気なお電話を頂き、94歳の時に出版された本（『心の旅路』）を頂いた。老人ホームの職員の話では、先生はお元気で入所者とか職員からは大変な人気者だと聞いた。

私も年を取ってからも知的活動ができ、皆から尊敬されるような年の取り方をしたいものだ。その後、先生から電話がかかり、コロナが収まったら明石に呑みに行こうと誘われた。先生は96歳になられ、実現は難しいと思われるが、先生の息子さんの話では、私と飲みに行く為にリハビリを続けておられるとのことで、有難い話だ。

その後、息子さんから電話があり、明石の菊水（名門の寿司屋さん）で、ご子息のご夫婦と先生と私での会食が実現（２０２２年5月22日）した。元気なお姿を拝見でき楽しい時間を過ごすことができた。先生は「very delicious」と言われ１人前を完食された。80歳の私でさえ完食はできなかったが、先生のお元気の源は食欲にあると思える。先生がお元気ならば再度会食を楽しみたいものだ。

Hさんは中学校の成績で3年間1番（６００人中）を通したすごい人だ。同級生の秀才で生徒会の会長をしていたT君も彼女にはどうしても成績では勝てないと言っていた。どうすればこんなに勉強ができるのかと考えた。家も近くにありお得意先でもあるので、よく配達にも行っているし、時々出会うこともあり挨拶程度はしていた。

ある時におかっぱの髪形にされたので、頭がよく見えた。大きく見えたので頭が良いのは立派な頭が原因かも知れないと思ったが、よくよく見ると大きいけれども、格別に大きい訳でもない。それでは頭の性能（記憶力）が良いのかも知れないと思った。彼女のお姉さんも頭が良く中学校では常に10番以内に入っており姉妹はよく勉強ができた。

ある時、Hさんと立ち話をした時に兵庫高校の先生の話をされた。完全に私も兵庫高校の学生と思っている。〝私は夢野台高校なので兵庫高校のことは分かりませんよ〟というと、〝そうでしたか〟と言われた。私でも近所の同級生がどこの高校へ進学したとか、就職したか位は全て知っている。この件についての記憶力は私の方が上だと思った。勉強ができる原因は記憶力ではなく、頭の大きさでもなければ何なのだろう。益々分からなくなってしまった。

T君とかHさんのような秀才には勉学面では勝ち目はない。しかし、よく考えると腕力とか地域の情報とかお客様への対応力、商品の配達等々の力仕事、仕事の手伝いなどは私の方が優れていると思った。しかし、これは負け惜しみで、同級生とか先生が尊敬するのは勉強ができる学生で彼らは委員長とか副委員長に選出されている。腕力とか家の手伝いをするからといって尊敬される訳ではない。私も中学3年生になり成績も上がり委員に選ばれるようになった。

T君は難関大学を卒業後、大商社に就職され、世界で活躍された後、現在は定年を迎えられ各種ボランティアを主宰されている素晴らしい友人だ。Hさんのことは交流がないのでよく知らないが、同窓会でお会いした感じでは優雅な生活を送っておられるようだ。学生時代は成績とかスポーツのできる人が尊敬されるが、社会では成果がより複雑化するのでお金持ちとか出世だけで尊敬されるものではない。本人が納得できればそれで十分である。

高等学校の還暦の同窓会で、理系クラスで何時もトップクラスの勉強がよくできる女性が話しかけてきた。〝広瀬さん、百貨店の清掃員の試験に合格しました。すごいでしょ〟と話しかけてきた。彼女はその仕事に満足しているので、幸せと思う。自分で幸せと思えれば、それが最高だろう。

また、夢野台高校で1番を通したK君は大学を卒業後、市役所に勤められ、定年後神戸市の外郭団体の社長をしておられた。私の名刺に農学博士と書いてあるのを見て驚かれた。我々の業界では博士号の取得者は沢山いるので何とも思わないが、役所では少ないので驚かれたのだろう。

社会での価値観はそれぞれなので各自が満足できればそれが最高だろう。学生時代は勉強とかスポーツができる人は尊敬されるが、社会に出ると価値観は多様化する。勉強ができた人が社会で成功する可能性は大きいが、全ての人が成功するとは限らないので、面白いものだ。

小学校5年生の時に目指した目標の達成は難しかった。家庭では勉強をする環境がなく、店の手伝いばかりさせられ、勉強どころではない。高校進学も父の方針により夢野台高校へ変更させられ、私の人生設計は初めから頓挫してしまった。

小学校の5年間と高等学校の1年間の合計6年間はやる気も起こらずに皆から遅れてしまった。少し言い訳がましくなったが、環境が整っていても私の能力では人生設計通り進むのは難しかったかも知れない。もっとも、他方ではサラリーマン家庭と同じ環境が与えられれば、達成できたかも知れない自信もあるので、複雑な心境だ。しかし、自分の通った道で満足するしか方法はない。

柔道部の2年先輩が神戸大学理学部に進学した。そこで夢として、何とか神戸大学理学部に進みたいと思った。しかし、実力がなければ合格するはずがない。それでも現役では、幸いなことに関西大学の工学部化学科に入学できた。両親も子供が大学まで行くとは思っていなかったので、喜んでくれた。

しかし、せっかく入学した大学ではあるが、理学部に進みたかった。恐らく高校入学のトラウマ（父親との確執）が原因だろう。身体検査の時に医者から鬼みたいな体をしているると褒められ、医者と仲良くなり話し込んだのを覚えている。また、仲が良い中学時代の友達もいたが、4カ月後に退学届けを出した。事務員から退学届けは休学届けと同じだし、復学もできると説明されたので休学届けに変更した。

両親には大学を退学してきた、9月から予備校に行き、来年再度受験をすると報告をしたら、〝何ということをするのか〟と叱られた。せっかく大学に入れたのにと嘆いていた。しかし、退学届けを出してきたのには親もお手上げで認めざるを得ない。高校入試には父親に負けたが、今度は勝ったと思い、清々しい感じがした。部分的かも知れないが父に勝てる力を得たのも確かだ。自分で人生を決めたことに誇りを感じた。大学の退学はせめてもの親への反抗だったような気がする。

9月から近くの予備校に通った。予習復習もしっかりしていたので、成績は良かった。先生からは京大を受験するのかと聞かれたこともある。しかし、総合力ではとてもそんなレベルではない。

5. 化学への道

高校時代は先生にも恵まれ、化学と生物に興味を持った。当時は石油化学の導入期で、化学技術者が不足し、企業では理科の先生まで引き抜く状況で化学科は全盛の時代となっていた。生物学科を卒業しても就職が難しい面もあるとされていたので、化学科を受験することにした。

お陰様で新設の関西学院大学理学部化学科に合格できた。授業料も出して貰うので、両親を連れて入学式に臨んだ。両親は学問に縁のない人たちで、大学を訪問するのは初めてであり、関学の美しいキャンパスを見て喜んでくれた。

入学して暫くすると学部長秘書から学部長がお呼びですと声が掛かり、学部長室に出向いた。仁田教授からは〝お父さんに宜しく〟と丁重にお礼を言われた。金額は知らないがまずまずの寄付をしたらしい。両親もよほど嬉しかったのだろう。

十数名の柔道部の学生に取り囲まれ、入部を勧められた。理学部のガイダンスで、学問と部活動の両立は難しいので、入部をしないようにと指導をされていたので断った。学生は色々なタイプの人がいるので面白かった。高等部から編入された学生は秀才も多くおられ、数学の試験で平均点が10点程度の時でも１００点を取る人は高等部出身者だ。成績の悪い人もいたので二極化していたが、彼らは底抜けに明るいのが共通点で直ぐに分かる。

受験により入学した人は現役が非常に少なく1浪とか2浪の人が多く、3浪とか4浪の人もいた。苦労人という感じで、明るさは欠けるが真面目な人が多い。高等部出身者とは異なる人種で面白い。

私も1浪だが、全く目立たない。夢野台高校の同じクラスのT君が同級生で一緒に合格した。1年後にも2浪で同じクラスのO君も入学した。

不思議なことに同じ学年でも色々な年の人がいた。幸い、私は4年で卒業でき修士課程に進めたが、他の同級生（夢野台高校）は少し遅れて卒業していた。落第率は高く厳しい教育がなされた。

現役で入学した人は1歳年下だし、2浪の人は1歳年上だがみんな同級生で、何年経っても変わらず同級生だ。

経済学部、文学部、社会学部にも沢山の夢野台高校の同級生が入学していた。仲の良いＵ君とＴ君は小学校から大学まで同じ学校に通ったことになる。Ｕ君は損害保険会社で定年を迎えた。Ｔ君は神戸で貿易会社を経営しているが、儲からないと嘆いていた。お前の会社も名前から判断すると駄目だろうと言ってきた。友達とは遠慮なく話せるので楽しいものだ。

暫くすると理学部でも友達ができた。彼は煙草を勧める。実家では煙草も売っていたし、高校時代は興味本位で時々煙草（隠れて）を吸っていたので驚かないが、自由を感じられた。彼の家に遊びに行ったが何枚もの天皇陛下からの叙勲の表彰状が飾られており、住む世界の違いを感じた。

私たちは理学部の1回生で、新進気鋭の先生から指導を受け素晴らしい学生時代を過ごすことができた。大学では教科書以外の専門書もよく読んだ。

発生生理学、数学、化学の電子論とか立体化学、構造解析等々、また、教科書も英語とかドイツ語の教科書を使ったので、ある程度は専門書も読めるようになった。それでも書いたり話したりするのはできなかった。試験の解答は英語でもＯＫだったので、何名かの学生は英語で回答をしていた。県立の高等学校では考えられないことだ。

高等学校までの均一的な世界とは異なる世界で、学生生活は楽しいものとなった。残念ながら、大学と大学院時代は勉強に忙しく彼女もできずに寂しい青春時代を過ごした。

友人達も彼女はいなかった。しかし、本気で学ぶことができたのかも知れない。

●同級生との再会とクラス会

入学して2カ月ほど経った頃に美しい女性から〝広瀬さん〟と声を掛けられた。中学校の同級生（高校は異なる）が文学部に入学していた。同級生はみんな仲が良かったので、昔話に花が咲き素晴らしい時間を過ごせた。

卒業後、神戸市内で自家用車を運転中に交差点で止まった時に、横の車に彼女が乗っており、車越しに少し話ができた。その後、還暦の時に中学校の同窓会が開かれ35年ぶりに再会できた。

彼女がたくましいおば様に成長されていたのには驚いた。趣味を聞けばドライブ、スイミング、英会話と答えられた。私も、自動車は16歳で免許を取り（昔は16歳から取れた）ずっと運転し、ドライブも大好きだ。中学生では水泳部に入部したが、先生が転勤となり廃部となった。幻の部員だが水泳は得意だった。当時も長男とスイミングクラブに通っていた。英語の論文は何とか読めるので困らないが、全く英語は話せないので英会話教室に通っていた。

彼女と趣味が全く同じなので仰天した。彼女もびっくりされていた。男同士なら同じ趣味を持つ人も多いが、異性間では珍しいと思った。家内は自動車で酔うので車は大嫌いだし、スイミングも金槌だし、英会話は全く興味なしだ。

同じ趣味を持つ夫婦は仲が良いので、私の趣味を家内に勧めていたが、家内は一切応じないし、私も忙しい立場にあり、料理とかお花とか言われても困る。

家内とは子供の教育方針とか人生観が相当異なるし、私の家族（父と姉妹）との対立も大きかった。2人共、頑固なので喧嘩が始まると収まらない。何とかして夫婦仲の改善を目論んでいた時に、共同の趣味での改善を思い付いたが、夫婦仲の改善はできなかった。

そのような時期に同じ趣味を持つ同級生と巡り合えたので驚いた。

同窓会では彼女の提案で毎年クラス会を開くことになり、楽しい時間を共有できていたが、ここ数年は新型コロナでクラス会が開けていない。新型コロナが収まり、皆が集まれるようになりたいものだ。クラス会の継続により、旧友の人生を知ることができ、有意義なクラス会となっている。

中学校の同窓生は社会で活躍後引退生活となっているが、それぞれ素晴らしい人生を送られたようだ。私も長く働いたが、２０２１年の６月に会長職も引退できた。

我々クラス会の男性陣は何とか元気にしているが、同級生の女性の旦那様はさらに年上なので、未亡人の女性が増えてきた。同世代の有名人が次々と亡くなる。家内も亡くなり仕事も辞め、男性の平均寿命の81歳の年になっている。

急激に生活環境が変わり、まるで浦島太郎の心境だ。それでも最近は3名の家政婦さん（3時間／日）に家事を助けて貰いながら、若干の仕事にも関わり、元気で生活を楽しんでいるのは有難いことだ。

しかし、一方では81歳を超えたので自動車運転免許の自主返納を求められるし、投資信託の購入には娘の同意を求められる。自分のお金も自由に使えず、辛いことになってしまった。気が付けば一人前の大人と認めて貰えない年になっている。情けないことになってきた。

自分ではまだまだ大丈夫と思っているが、悲しいことに物忘れは酷くなってきたし、同級生の何名かは認知症を発症している。先日（２０２２年8月23日、80歳）夜の10時頃に左手と指が動かないことに気が付いた。脳梗塞と思った。救急車を呼ぶのも気が引けるので、イグザレルト錠（血液サラサラのお薬）を追加で1錠を服薬して就寝した。翌朝に掛かり付け医に出向くと、直ぐに西神戸医療センターに行くように指示され、CT、ＭＲＩ、血液検査、心電図等が測定され、右脳に5か所の血栓ができているので、最悪では左半身不随になる可能性もあり、リハビリも必要になるので直ぐに入院を勧められた。しかし、コロナの蔓延でベッドの空きがなく自宅療養となった。幸い、8月29日の再診では左腕も指も完全に復元しているので、先生は驚かれた。23日の22時にイグザレルト1錠、24日の7時に1錠を服薬したことになり、薬が効き始めたのか、或いは新しいお薬のエリキュース錠（24日の夜から服用）が効いたのか分からない。いずれにしてもリハビリの必要もなく命拾いをした。少しはやり残しの仕事もあるので有難いことである。80歳を過ぎると、下り坂の人生で、今年は二度目の災難（一度目は歯の治療中の出血）となった。

特に他人には迷惑を掛けたくないので、自動車運転は慎重にしている。最近、衝突しない安全サポート車に乗り換えた。暫くは自立の道を楽しみたい。

クラス会から老後人生まで話は進んだが、修士課程まで戻りたい。修士課程では必死に研究をしたが、大きな研究成果は得られなかった。しかし、化学は積み重ねの学問（化学は経験の学問）であり、その時に成果が出なくてもその後の研究に役立つ。指導教官のＯ教授には北海道大学かＭＩＴ（米国、マサチューセッツ工科大学）なら博士課程の推薦状を書いてあげると言って頂いた。本心は博士コースに進みたかったが、何時までも親のすねをかじるのもどうかと思った。その時期に日本テルペン化学のＭ取締役研究部長が共同研究の件でＯ教授を訪問された。共同研究にも関わりを持たせて頂いた。就職は簡単な試験で地元の日本テルペン化学に決まった。

今から考えると、何故ＭＩＴ（米国）に行かなかったかと悔やまれる。ＭＩＴに行けばもっと広い世界観が得られ、人生は大きく変わったと思われる。２年後輩のＮ君がＭＩＴに留学した。彼も素晴らしい人生を送っている。

しかし、日本テルペン化学への就職が現在の私を作っているのも確かで、この道でも素晴らしい人生を構築できたと思っている。

工場での事故もあり私の入社は5月1日となった。社長への挨拶に出向くと、素晴らしい成績だねと褒められた。社長には色々とお世話になり、長いお付き合いをして頂いた。就職は人生に大きな影響を与える分岐点だ。

しかし残念ながら、人は同時に二つの道を歩むことはできない。

化学科には約60名の学生が入学したが、ストレートで卒業できたのは36名だ。私も単位数をぎりぎりで計算していたので、修士課程の進学が決まっていたが、分析化学が落ちたら卒業ができない。何とか追試で合格して見事に卒業できることになった。就職まで決まっていたのに卒業できない学生もいたので厳しい学校であった。

4年生になると研究テーマも与えられ忙しくなるので、同級生の友人3人で下宿先を探した。父親も跡継ぎを諦めてくれ下宿を許してくれた。実家を離れ、家の手伝いからも解放され、思い切り勉強ができた。

友人のY君は生物専攻であるが、50歳の時に犯罪心理学方面の研究で医学博士を取得した。彼からは学位記を写したテレフォンカードを頂いた。卒業後、新しい道を切り開いた同級生で尊敬しているし、私も大きな刺激を受けた。私は55歳の時に筑波大学の博士課程に入学して63歳の時に筑波大学で農学博士を取得した。Y君より13年遅れとなったので、同級生では最終の取得だろう。
私が最後になったが化学科では、私の知る限り6名が博士号を取得したことになる。
遠い昔の学生時代のことであるが、当時の努力が報われたのかも知れない。

サラリーマン編

「化学技術者として」

1. 日本テルペン化学研究部に就職

政治、経済、科学技術の変革により、社会は大きな影響を受ける。戦前に父が起こした米屋は戦争により解体させられたし、戦後に開業した小売店は流通革命の波に対応できずに廃業した。

私が就職した日本テルペン化学は鈴木商店（旧大財閥、神戸本社）の樟脳部門として大正8年に創業した名門企業（再製樟脳株式会社）であった。

樟脳はセルロイドの原料（写真フィルムに使われる）として国の戦略物質として扱われ、塩と共に専売公社制度で守られ、良き時代が長く続いた。しかし、戦後には石油化学が発展し、セルロイドはプラスチックに替わり、ナフタリンの安価な防虫剤が現れ、樟脳の需要は激減し、樟脳の専売制度は廃止された。会社の存続は危機に立たされた。

儲かっている時には十分な資金もあり、時間にも研究者にも恵まれていたが、危機感もなく開発は進まなかったようだ（経営の怠慢）。大きな社会変動に対して何もしなければ再製樟脳株式会社は苦しい経営となる。

この時期に経営者と研究者たちは立ち上がり、色々な製品を沢山商品化した。合成メントール、合成樟脳、ビタミンE、ビタミンB12、P-メンタンハイドロパーオキサイド等（合成ゴムの重合触媒）の過酸化物類、消臭剤、L-ペリラアルデヒド等の香料、テルペン系塗料溶剤等々の開発を急いだ。１９６４年には社名も再製樟脳株式会社から日本テルペン化学株式会社に変更し、社会変動に立ち向かった。

しかし、学者主導の急速な商品開発では、安全管理、原価管理、販売管理等が不十分で収益は上がらないし、追い打ちをかけるように事故が多発した。

当時の取締役研究部長は毎日、ケミカルアブストラクトを調査され、商社に調査を依頼し、商品化できそうなものを探していた。一方では事故も多発し、私は土山工場の事故処理が遅れて、１カ月遅れの１９６７年５月入社となった。だがそのような活気ある時代に就職でき、素晴らしい時代を過ごせたと思う。

就職は人生を左右する一大事である。異なる選択をしていれば、全く異なる人生を過ごすことになっただろう。

研究部は自由な雰囲気が溢れ、博士号取得者も４名おられ、活気に溢れていた。自分でテーマを決めて時間外の研究も許されていた。水を得た魚の如く、仕事は面白く必死で働いた。10時頃に１人で研究をしていると、時々取締役研究部長から電話があり、飲み屋に呼び出され、ご馳走になった。

　時代の流れにより、本業の樟脳の生産だけでは生き残れない。危機感により研究部は色々な製品の急激な企業化が実施された。しかし、研究室で成功しても企業化には安全対策とか品質管理が重要である。化学工学の専門家もいたが、安全対策は不十分だったのだろう。生産部の体制が整わずに事故が多発した。

　入社年の10月には樟脳工場で火災事故が発生した。静電気により火災が発生したのだ。研究課長と研究の打ち合わせをしているとズズという大きな音と共に建屋が揺れ、天窓のガラスがバラバラと落ちてきた。先輩社員が「逃げろ！」と叫んでいる。ガスの元栓を閉めて外に出ると、大変なことになっていた。あちらこちらが燃えているし、やけどによる負傷者への対応が始まっていた。我々も指示により可燃性ドラム缶の移動を手伝った。その後、残念ながら１名が亡くなった。我々は火災事故に際して、消火に目が向くが、人命救助が最も大切だと知った。設備とか建物は再度作れるが命は再生できない。

事故の責任問題が大きく取り上げられた。原因は静電気とされたが、技術者が責任を取ることになった。権力闘争も少しは感じられた。研究部長以下8名の技術者が退職した。2名は大学の教授、1名は薬剤師の免許を所持していることから調剤薬局へ、その他の研究員は企業に再就職された。送別会で『星影のワルツ』を歌い、静かに退職されたのが印象的だった。実力のある方々なので新しい職場でも活躍されたようだ。彼らが退職されずに残留して活躍していれば、もっと会社も繁栄したのではと惜しまれる。先輩たちは新しい職場で活躍された。技術者不足の時代でもあり、転職に失敗した人を知らない。

研究部時代の仕事

研究部の2・5年間は上司（先輩）にも、同僚にも恵まれ沢山の仕事ができた。残念ながら論文にすることはなかったが、何件かは大学教授に転出された元研究部長が論文にされた。

1,4-シネオールと1,8-シネオールの分離

Nippon Kagaku Zasshi, 91, 762-763 (1970)

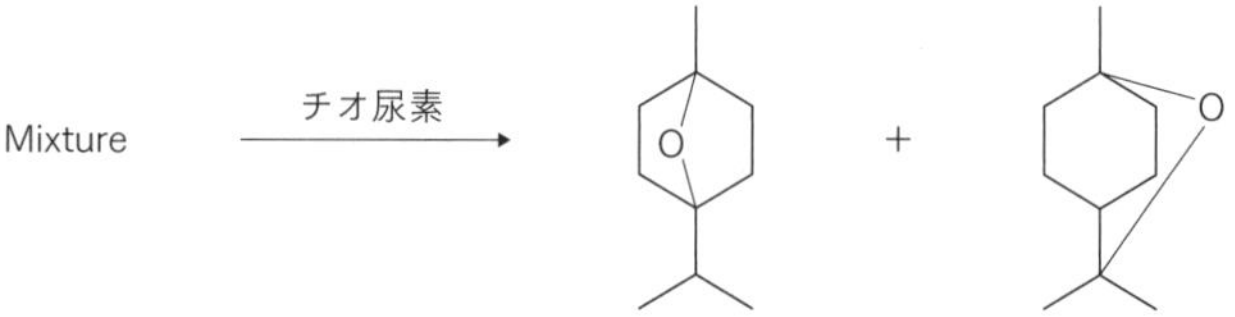

1.4-シネオール
チオ尿素包接化合物

1.8-シネオール

●包接化合物による分離

1，4-シネオールと1，8-シネオールは沸点が近くて精密蒸留では分離できない。1，4-シネオールはチオ尿素との包接化合物を作り、結晶化により理想的に分離ができた。尿素は板状結晶であるが、包接化合物は針状結晶となる。X-線解析によれば3分子のチオ尿素に1分子の1，4-シネオールが取り込まれる構造となっていた。結晶をエーテルで洗浄後、温水で溶解し、エーテルで抽出すれば純粋な1，4-シネオールが得られた。

関西学院大学で結晶のX-線解析をして頂き、包接化合物の構造を明らかにした。大学との共同研究が最初の仕事となった。この頃が人生で最も充実した時期だったと思う。もっとも研究的には面白いが、経済的な価値はなかった。

研究部時代は２・５年間の短い期間だが沢山の仕事をすることができ、先輩とか同輩にも恵まれ素晴らしい時代を過ごせた。

仕事の一部を紹介する。古い方法ではあるが、当時はシトロネラ油を輸入し、精密蒸留により、シトロネラール、ゲラニオール、シトロネロールに分離し、シトロネラールからメントールを合成していた。ところがシトロネラ油の精密蒸留により沢山の残油が生成する。研究部長からこの残油の有効利用を考えてくれとの要請を受けた。

●残油からの原料の回収

色々な研究から、この残油はアルデヒドとアルコールから生成するトリテルペンのアセタールと推定した。推定が正しいならばアセタールの加水反応を行えば原料が回収されることになる。しかし、一般的な硫酸水による加水反応ではテルペンは分解してしまう。そこで酸性度の弱い酢酸による直接分解を試みると理想的に反応は進んだ。

工場でテストをすることになり、残油に酢酸を加えて１００℃強で反応させ、酢酸を回収後、重曹水で洗浄し、精密蒸留を行うとシトロネラール、ゲラニルアセテート、シトロネリルアセテートが大量に得られた。ここにアセタールの酢酸分解法が確立した。

残油の有効利用

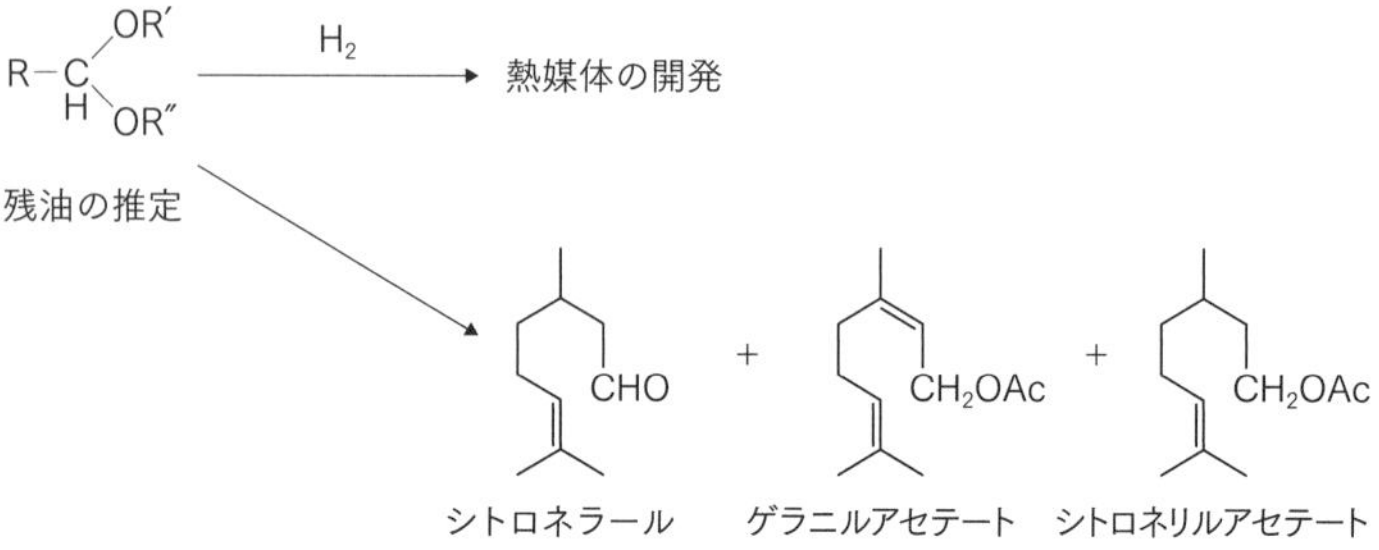

工員さんは「蒸留残渣は捨てるもの」と思っている。残油を酢酸処理し、蒸留すると有益な物質がザクザクと取れてくるのを見て、どうなっているのかと聞いてきた。この種の仕事で化学の力を見せ付けることができ、工員さんを驚かせることができた。この反応も綺麗な反応だと思っている。残渣を水素添加すると無色透明な粘調液体が得られた。熱媒体としての用途も考えた。取締役研究部長からは褒められた。

研究部長の指示により、安価でシトロネラール含有量の多いシトリオドーラ油から得られるＤＬ-シトロネラールの有効利用を頼まれた。本シトロネラールはＤＬ体でＬ-メントールの原料にはならない。研究部長は無理だと主張していたが、水酸化バリウム触媒によるアセトンとの直接縮合に成功しイソフィトールを安価に合成した。研究的に

D, L-シトロネラールの有効利用

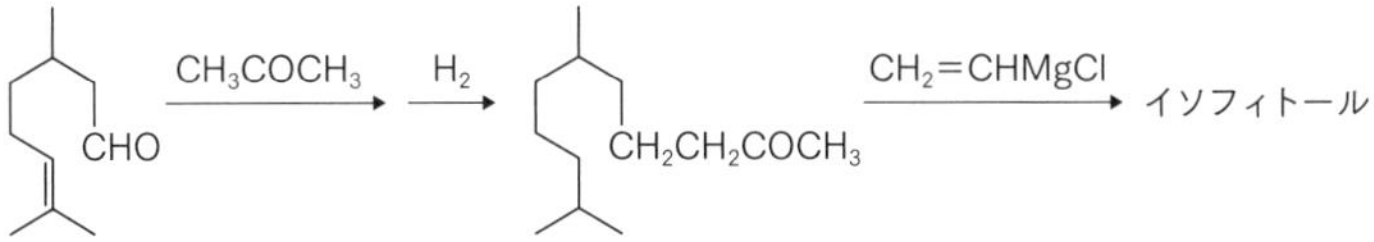

D, L-シトロネラール

は大きな成果を出したが、研究部長は退職され、私も土山工場に転勤となった。結果的にこれらの研究が日の目を見ることはなかったが、楽しい時間を過ごせた。

その頃に土山工場で2度の事故が発生した。工場は荒れて前課長では統制が取れない。腕力の強そうな広瀬なら何とかしてくれると工場長が考えたのかも知れない。課長代理で工場勤務を要請された。当初は研究を離れたくないので断ったが、頼むと言われたら受けざるを得ない。

2. 土山工場への転勤　安全作業の確立と効率化

入社2年後に研究係長に昇格していた。その半年後に土山工場の立て直し（製造課長代理）を命じられた。研究部を離れたくなかったが、人事異動なので受けざるを得ない。土山工場では事故が2回発生しており、製造課長と工員さんの間で不穏な空気が漂っている。私は技術力でこの問題を解決したいと考え、原因究明と対策研究を急いだ。

●過酸化物工場の事故対策

テルペン系飽和炭化水素に触媒を加え、１００℃で酸素ガスを吹き込むと3級の炭素原子に酸素が反応し15%～20%程度の過酸化物が生成する。後処理後、濃縮工程、濃度調整工程を経て製品となる。製品は合成ゴム（ＳＢＲゴム）の重合触媒で自動車のタイヤとなる重要な触媒である。

酸化反応終了後、冷却後の放置中に温度が上昇し事故は起こった。約１５００Ｌの酸化油が蒸発噴霧した。防爆工場なので引火は避けられたが、事故となった。

通常は酸化工程が終われば後処理、濃縮工程、濃度調整工程へと進むが、その日は通常と異なる、冷却後一晩待機の指示（一部研究用として使用の為）が出ていた。ところが作業員は冷却したので安全と思っているが、触媒が入ったままの長時間放置は危険で、徐々に過酸化物は分解し温度が上昇し朝方に噴出し始めた。管理者の知識不足と指導不足が原因と思われる。

私は過酸化物の性質を教え、温度管理の重要性を教えた。管理室では抵抗温度計で監視できるが、現場では確認できない。２０００Ｌ反応釜6基、２０００Ｌ濃縮釜2基に温度計が設置されていないので、全部セットした。通常と異なる作業を行う場合は安全性について徹底的に考える必要があるが、管理者も作業員も冷却すれば安全と思い込んでいたようだ。

酸化反応の研究を繰り返したところ、反応率を30％近くまで向上させることに成功した。濃縮工程で回収されるＰＭ（パラメンタン）には3～5％のハイドロパーオキサイドが含まれており、新規ＰＭと混合使用することにより、誘導期間もなくなり、収率も向上した。その結果、工員さんと話し合い、反応釜６基運転から４基運転に減らす合理化にも成功し、人員も９名配置から６名配置（３名減）に減らすことに成功した。その結果、安全作業の確保と作業の合理化と収率の向上ができた。

大きな事故ではあるが、原因を究明することにより大きな成果も得られた。工場に、安全作業の重要点を教え込んだので、工場にも安心感が戻った。私は当時28歳の若者であるが、主任とか係長は全て私より年上だ。しかし、安全作業の確立により彼らは私をボスと認めてくれた。

●テルペン工場での異性化事故対策

テルペンアルコールに金属ナトリウムを加えてアルコラートを合成し加熱すると異性化反応が進行し目的物ができる。しかし、金属ナトリウムが反応すると水素ガスが発生し、発泡する。時々発泡状態が収まらずに、コンデンサーの空気抜きから溢れ出る。金属ナトリウムは水に触れて水素を発生し着火し、高温のテルペンアルコールに引火し、炎上する事故が起きた。何とか消し止めた。設備面での改良をして、監視員を張り付けて恐る恐る作業をしていた。

発火性のない苛性ソーダでも反応が進むと考えて研究を繰り返したが、全く進まない。反応が進めば1モルのH_2Oが生成するので、水分を除去すれば反応が進むのではと考え、10%程度のテルペンアルコールを留出させると、金属ナトリウムと同じように反応が進んだ。

苛性ソーダは水と接触しても水素ガスを発生しないし、発火もしない。誰が見ても安全な苛性ソーダ法異性化技術の完成を部下は喜んでくれた。

両工場の安全な生産工程の確立に加えて、過酸化物工場の作業の効率化、収率の向上が達成された。テルペン工場でも危険な金属ナトリウムから苛性ソーダ法に変更でき、工員さんも安心して作業ができるようになった。さらに廃棄物から5トン以上の製品を回収した。安全操業は皆の願いであり、技術力により達成したので私に対する見方が変わり、呼び捨てから製造課長（正式には製造課長代理）と呼ぶようになった。

工場の安全を確保し、工場の効率化も達成したので年は若くても周囲は私をボスと認めてくれた。私は3カ月で信頼できる親衛隊工場を作ることができた。

作業の効率化により工場の定員4名減にも成功したので、若手の工業高校出身者を研究室でトレーニングをして、工程改良とか新製品開発の研究を指導した。工場長（理学博士）も広瀬に託して工場の安全と、工場の効率化ができたので、その範囲内での研究活動を黙認してくれた。非公式ではあるが、自前の研究室を確保した。

3. 安全対策と新規化学反応

こぼれたテルペン油をウエスで拭き取り、ゴミ箱に捨てていると夜中に発火する事例があり、工場ではウエスは直ぐに焼却炉に捨てることにしていた。p-メンタンのような炭化水素でも酸素と反応して過酸化物を生成する。

分子内に2個の二重結合を持つp-メンタジエンでは急速に常温で酸化反応が進行し、過酸化物は徐々に発熱しながら分解（緩やかな燃焼）するのでゴミ箱のような蓄熱される条件では発火まで進む。

ジペンテン、ターピノーレン等の分子内に二重結合を二個持つテルペンの酸素酸化反応を調査したが、ターピノーレンは常温で酸素ガスを吹き込むと急激に酸素を吸収し反応が進む。危険を感じて研究は中断した。もっと研究を進めたいが、危険も伴うし、工場の非公式の研究なので利益に関与できる研究しかできなかった。燃焼化学は未知の部分もあり面白い結果も期待できるので、何時かは再開したいと思いながら、実現していない。

ある時、社長が大企業の元研究所長を顧問として採用し、顧問が工場の安全度を調査に来られた。

テルペン系飽和炭化水素に触媒を加えて100℃で酸素ガスを吹き込み、過酸化物を作る工程を見られ、仰天された。一般的な化学の常識として、高温の油に酸素を投入することは危険行為で、禁止項目と見なされる。さらに私は光酸化反応の研究もしていたので、これは最も危険な仕事と断定され、顧問は社長に報告された。社長は文系の人で理解できないので、危ない仕事はしないようにとの指示が来た。困ったことになった。

安全な方法で化学反応をコントロールすれば安全に生産できる。しかし、危険な方法を採用すれば事故が起こる。ガソリンに火を付ければ大きな事故となるが火を付けなければ安全に取り扱える。

化学会社の事故にも、原因がある。危ないことをしているから事故に繋がる。特に、通常作業と異なる作業をすれば危ないので、その時は細心の注意を払う必要がある。化学は人間と異なり、嘘をつかないので、一万回同じ反応を実施しても一万回同じ結果となる。危険と思われる化学反応も安全な技術を確立すれば安全にコントロールできる。しかし、これを文系の社長に説得するのは大変なことである。幸い、私は50年以上化学で仕事をしてきたが、私が担当する部門で大きな事故を起こしたことはない。

残念なことに、私が退職した後にこの事業（過酸化物）を他社に売却された。

過酸化物の研究は危険が伴うのでまだまだ未知の反応もあり面白い分野と思える。私は製造課長であり基礎研究にのめり込むことができない立場だったが、商品開発の名のもとに少しだけ進めたことがあり紹介する。

●ハイドロパーオキサイドのアセチル化分解

一級ハイドロパーオキサイドをアセチル化するとアルデヒドが生成し、二級ハイドロパーオキサイドからはケトンが生成する反応を見つけた。非常にきれいな反応だ。テルペン討論会で発表すると大企業の研究者が来られて、素晴らしい研究ですねと褒められた。残念ながら社内では評価してくれる人はいなかった。

Hydroperoxideの新反応　日特公 昭55-20754（1980）

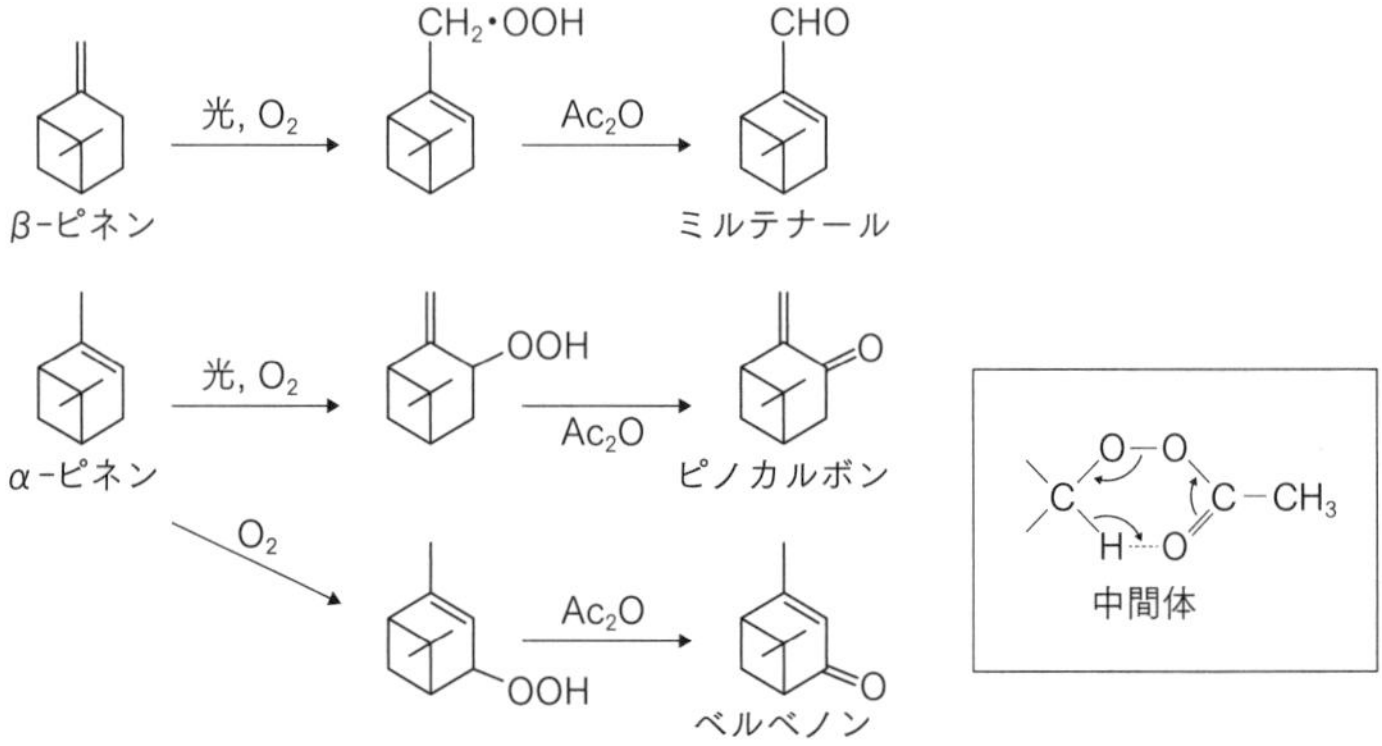

神戸天然物化学で、お客様から一級ハイドロパーオキサイドと二級ハイドロパーオキサイドから各々のアセチル体の合成を依頼された。これらのアセチル体は直ちに分解してアルデヒドとかケトンになるので合成はできないと説明した。お客様も納得された。知識がなければ合成不可能な研究に取り組んでしまうことになる。

研究開発会社で受託合成の仕事を請け負っていると、色々な会社から多様な注文が来る。大学院時代に合成した化合物の合成依頼が来たりする。また、前勤務会社での研究が大いに役立つ事例が発生する。さらに、受託案件の参考例として、私のレポートが添付されてきたりするので面白いものだ。

L-リモネンの合成

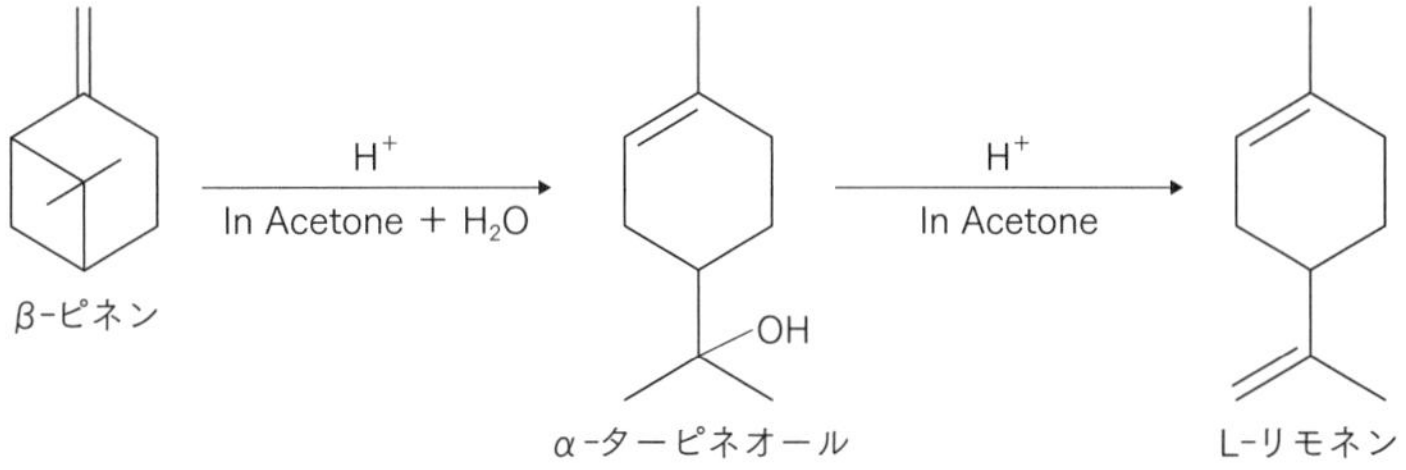

D-リモネンは柑橘類の皮に大量に含まれており、食器洗剤とか衣類の洗剤用の香料或いは整髪用の華やかな柑橘の香りとして大量に使われている。一方、L-リモネンはハッカ油（取卸油）とかシソ油に含まれ、ハッカ調の重たい香りだ。販売されてないので、香料会社から合成を依頼された。調香師の鼻は素晴らしく分析装置から放出される匂いを嗅ぎ、殆どのピークの物質を当ててしまう。

β-ピネンをアセトン中で加水反応をすると光学活性なα-ターピネオールが得られ、脱水反応をすると目的とするL-リモネンが得られた。L-リモネンとD-リモネンは同じ構造式だが、鏡の関係の立体異性体であり、全く異なる匂いを持っているので面白いものだ。香料会社にも喜んで貰えた。

私のペット（トイプードル犬）は、私がミカンを剥き始めると、ワンワンと吠え立ててミカンを要求する。与えると一気に飲み込む。ミカンとかブドウは大好きだがバナナには見向きもしない（脂肪酸系の香気成分）。

企業機密の問題もあり、全てをオープンにはしていないが、沢山の新規化学反応も見つけ、それなりの業績も上がり楽しい土山工場時代を過ごせた。新規性もあり、学問的には面白いが需要も小さく大きな利益は得られない。これらの研究につき関西学院大学理学部の教授2名から、博士論文にまとめなさいと指示されたが、取締役研究部長の上司は事故の責任を取って退職され、次の上司は私の研究を理解されないのに加えて、多忙なので論文にまとめなかった。

土山時代は4年間で終わったが、非公式には技術課長も兼務したので楽しい時代となった。その後、本社製造課長を拝命した。ここでも研究室と技術員1名を要求して認められ、引き続き開発業務に当たることができた。勿論、ここでも安全操業と効率操業が第一で、製造課での合計8年間で土山工場（4年間）と本社工場（4年間）を任され、大きな事故もなく過ごせた。

ここでも本業の製造課長と、非公式ではあるが技術（開発）課長も実質的に兼務していたので非常に多忙なサラリーマン時代を過ごすことになった。

製造課長時代の仕事

青シソの水蒸気蒸留で得られるシソ油は、食品フレーバーとして使用されているが、シソ油の大量生産は難しい。主成分はL-ペリラアルデヒドで、シソ油に約45％含有されており、日本テルペン化学でも食品香料としての許可を得て、L-ペリラアルデヒドを製造販売していた。

合成工程では松の木の精油（ピネン）を原料として4酢酸鉛（他社は2酸化ゼレン）等の毒性の強い酸化剤を用いる反応工程を経て生産していたが、毒性の強い4酢酸鉛の使用は避けたい。全面的な工程の改良により過酢酸法にたどり着けた。過酢酸は還元することにより簡単に無害な酢酸になり、公害問題を解決した。同時に、工程を大幅に改良し安価に製造できるようにした。また、シソ油に約5％含まれる重要な香気成分であるシソオールの合成にも成功した。各社の合成シソ油は食品香料として出回るようになり、L-ペリラアルデヒドの需要が増えてきた。

香料は規格に入っていても匂いが異なると商品にならないので、最終工程は特定の香料会社に製造委託をしていた。これらの香料はシバ漬けとか梅系のフレーバーとして需要が急激に増えたので、お酒を持って増産のお願いに出向いた。50名位の会社だが、社長が出てこられ、食事をご馳走になった。景気の悪い時代（バブルの崩壊後）であり、貴方のお陰で何とかビジネスを継続でき、助かったよと大変な感謝をされた。

本社の製造課長になると色々な情報が増えてくる。土山工場時代と異なる開発テーマが入ってくるので幅広い開発テーマに取り組めた。合成サンダルウッドの開発、シソ油成分とか香料関係の仕事に加えて、この時期にからし成分の開発にも成功した。厳しい刺激臭には工員さんからは嫌がられたが、収益性は良かった。

電子材料に使われるテルペン系溶剤の開発テーマも来るようになった。沢山の開発テーマにも取り組むことができて楽しい時代を過ごせた。

4. 営業部へ転勤　広い視野での活動

当時の営業部では営業課長、営業係長、営業課員の3名が同時期に退職し、対策も取られないので営業部は取締役営業部長と営業係長の2名のみになっていた。

部課長会議の席で、取締役営業部長は退職した営業課長を無能な人と非難した。私は営業課長とは同年代で仲が良かったので無性に腹が立ち、その場で反論した。営業部長は黙ってしまった。

取締役工場長からは君の発言は素晴らしいと褒められた。営業部長は社長の信頼も厚いので、誰も手が付けられない。私は社友会（第二組合）の会長もしていたので、総務部長から、社長に現状の報告をするように依頼された。

恐る恐る社長室に出向くと、大きな雷が落ちた。営業部長の実績を称え、その営業部長を非難するとは何事かと叱責された。30分近く叱られたが、社長も疲れて、少し怒りも収まってきたので、反論に移った。

「営業課長と営業係長は私と同年代で彼らも優秀な人材と思っています。退職した彼らを営業部長から罵倒されると、友人として私も腹が立ちます。普段から良好な人間関係がないので優秀な部下が次々と退職すると思います。退職者が出れば、部長として優秀な人材を社の内外から集めてくる義務もありますが、何もされないのは困ったものです」と反論した。

社長は取締役（部長）以外とは話をされないが、唯一営業課長を可愛がっておられたのでこの件は同調して頂いた。しかし、再度、社長と話し合うことになった。取締役総務部長の話では広瀬の首が危ないと言っておられたが、首になることはなかった。

●新営業部の構築と営業開発課長時代の8年間

常務取締役が営業部長に就任され、商社から営業課長を連れてこられた。私は営業開発課長を拝命し、大学の後輩を営業係長として連れてきた。さらに社内からH氏、M氏を推薦し私の部下とした。東京営業所でも1名の補充をした。

権力闘争は厳しいものであり、元取締役営業部長は取締役営業部次長に格下げされ、机は窓際となった。何と酷いことをするのかと思ったが、私は何もできない。暫くすると営業部次長は退職された。気の毒なことである。常務取締役を中心とする新営業部が構築された。

家業の商売を継ぐのが嫌で技術に進んだのに、営業をしろと言われた。製造課長時代に開発した新商品販売も行い、技術打ち合わせの為にお客様を訪問していたので、営業に適していると思われたのだろう。人事異動なので受けざるを得ず、営業開発課長として8年間を頑張ることになった。営業開発課長時代にも研究室と1名の技術員確保を要求し認められ、自由に技術開発ができる体制を保持できた。大企業ではこのような我儘は許されないわけで、これは中堅企業の良いところだ。

製造課長時代の技術開発はテルペン類の範囲内の開発で、学問的には面白いが大きな商売にはならない。営業課長時代は外部からテーマが持ち込まれるので、大型商品開発にテーマが移ってきた。

ある化学会社からアセトフェノンを原料にして2~3トンのα-フェニルエチルアミンを生産して欲しいと依頼された。蟻酸アンモニウムを使う古臭い方法が提示された。10トン以上の需要が出れば我々の方法で考えましょうと返事した。半年後に10トンの注文が来たので、直ちに研究を始め、アンモニア中で水素添加する方法で目的物が収率よく得られる方法を開発し、直ちに企業化した。この商品は大きく育ち年間１００トン以上も売れるようになっていた。サンダルウッド香料の開発、ソブレロール（海外での風邪薬）の開発、合成香料の開発、エポキシ化技術の開発、医薬中間体の開発等々沢山の開発を実施してきた。また、α-フェニルエチルアミンの受託会社とは何品目も共同開発をした思い出の会社ではあるが、需要の大半は海外で、彼らの営業は全て特定の商社に依存していた。

私は日本テルペン化学を退社し、神戸天然物化学を設立して10年ほど経った頃に、この会社は倒産したとの報を受けた。当時の営業課長とも面会し、会社の買収も打診されたが、我々に当時はそんな力はない。また、営業マンの就職も依頼されたが、自社営業の強化をしている最中で商社商売しかできない人を雇う訳にはいかないので断った。

残念なことである。

5. 会社方針の変化への対応

会社の景気が良くなると労働組合が強くなり、経営陣が弱くなる傾向がある。逆に、景気が悪くなると労働組合が弱くなり、経営陣が強くなる傾向を感じる。景気が良くなるのは経営陣の方針が良かった面も大きいし、景気が悪くなるのは経営陣の失敗に起因すると思える。

景気が良くなれば経営陣は自信を持てば良いし、経営者の評価は上がるべきだ。また、景気が悪くなれば経営陣は責任を取るべきだと思う。しかし、日本社会では逆の力が働いているように感じられてならない。

日本人の平等意識からか、成果を挙げた経営者とかグループが正当に評価されない傾向がある。同時に経営の失敗も指摘されることはない。

終戦後日本では沢山の創業者が生まれた。彼らは成果を挙げなければ生き残れないし、成果を挙げれば沢山の利益も得られる。利益は再投資され、さらに大きく発展できた。勿論、成果が出なければ、社員と共に倒産するのが会社だと思う。

ところが社会が安定し、創業者は減少しサラリーマン社長が増えてくると、日本特有の安易な平等主義がはびこり、業績が評価されなくなってしまった。何時の間にか世界での産業地位は下がるばかりだ。日本の大企業風土（優秀なサラリーマン社長）では世界には通用しない。企業風土（社会規範）を変えるか、世界に通用する優秀な若手（老人経営者では難しい）を育成するか、何とかして若手の創業者を増やさなければ日本はさらにじり貧に向かう可能性は大きい。最先端の技術力を持ち、世界でトップを走っていた電器産業も韓国、中国、台湾の創業企業に大敗をしている。

経営が安定化すると、日本テルペン化学でも開発不要論がはびこり、営業と技術不要論が主流となった。開発担当者は苦しい立場に追い込まれた。

●会社方針の変更と脱サラ決意

研究部、生産部と営業部が立ち直ると、大きな利益は出ないが、適切な黒字も確保され、会社も安定化してきたが、取締役総務部長が権力を持ち始めた。批判はあるが業績に付いては常務取締役（生産部長兼営業部長）と取締役（土山工場長兼研究部長）の功績も大きかったと推定される。私もそれなりに技術者として貢献できたと思っている。

しかし、１９８４年頃から経営上の路線対立があり、経費削減路線を主張する取締役総務部長の力が強くなり、営業と技術を担当する常務取締役とか技術系取締役工場長の力が弱まった。営業軽視と技術軽視の方向に会社は進み始めた。取締役総務部長は労働組合も押さえている。

儲からない仕事を廃止して経費を削減すれば良い会社になれると取締役総務部長は主張する。恐らく、社長を上手く取り込んで会社方針としたのだろう。事故が起これば社長も責任を問われるし、義理堅い文系の社長としては辛いこととなる。危険な新商品の開発よりも安泰を望むのも理解できる。

当社は創業当時の樟脳会社から技術者が開発した商品群で事業を継続してきた。技術者がいなければ、新規開発ができないと訴えるが、開発が必要になれば技術者を採用すれば良い、今は技術者を減らしたいとの意見である。研究員とか開発要員（営業）を減らしても当面は困らないし、人件費とか経費は大幅に減るので利益は増えるだろう。

しかし、取締役総務部長が主導する経費削減路線だけでは年配者は良いが、これから

20年、30年とこの会社で働く若者は堪らない。我々技術者も困ったことになった。技術とか情報を軽視する会社には私も用はないと思い始めた。

沢山の新商品開発をし、生産部を立て直し、営業部を立て直してきた。18年間必死で働いてきたが残念なことになった。サラリーマンはもう懲り懲りだと思い始めた。

不安だらけではあるが、1年以内に退職し、小さな会社を立ち上げたいと考え始めた。

●退職決意は自由の獲得

社内の権力バランスは取締役総務部長の力が強くなり、技術系役員の力が弱くなっている。私にも総務部長サイドから、色々な働きかけが来る。特定の技術系取締役への非難が始まる。私が同調すると思われたのだろう。ある点では正論と思ったが、上手く指導されれば如何でしょうかと進言した。総務部長の逆鱗に触れてしまい、私もこの日を境に、厳しい立場に追い込まれた。総務部長サイドに立てば、住み易くなるが私の是とする経営方針と異なるので、自分の道を進むことにした。仕事もできない総務部長サイドの人たちが大きな顔をして闊歩している。益々居辛い会社になってしまった。

社内の力関係は、上司が一方的に強い訳ではない。特に退職を決めると怖いものなしとなる。特に私は技術と営業の軽視論については反対していた。ある時に常務取締役に呼び出され、〝総務部長と対立すれば自分も困るし、君も困るだろう。総務部長とは上手に付き合ってくれ〟と頼まれた。〝私は総務部長に睨まれても困りませんよ〟と反論した。敏感な常務取締役からは〝広瀬君辞めないでくれ〟と懇願された。1週間後には退職願いを出していた。退職理由を子供の養育の為としたので、総務部長からは自由出勤で良いので残らないかとの申し出があった。また、以前から部長職（取締役）に推薦していたが常務取締役に反対され実現できなかったと言っていた。

退職時には6名の幹部社員と意見交換をした。1人以外は当時の会社方針では困ると思っていたが、全員自分の考えを持っており頼もしく思えた。

しかし、沢山の部下を残して自分だけが先に退職することに負い目を感じていた。信頼できる得意先の社長（Y氏）に相談すると、退職はサラリーマンの特権であり、遠慮は要らないと励まされ、もやもやは吹っ飛んだ。

当初は実家の庭に小さな研究室を作り、1人で始めようと考えていたが2名の同志（K氏とM氏）が私の事業に参加したいと申し出たので3名で創業をすることにした。創業の地（岩岡工業団地内に60坪の賃貸物件、我々が設計した小さな建坪30坪の倉庫を建設）も早く退職したＫ氏が見つけてくれた。

前勤務会社の同志には多彩な人材がおられ、多様な意見が出て面白い。二度にわたり沢山の技術者が辞めていったが、何名もの人が会社社長になられたし、大学教授とか取締役にもなられている。実力のある沢山の退職者（自らの意思で退職した）を見てきたが転職に失敗した人を私は知らない。実力があれば困ることはない。

当時、私の仲間として意見を聞いた６名の内５名は早期に退職したが、全ての人が新しい職場で成功している。残りの１名も旧社で常務取締役になられ、定年退職後は２名で商社を設立して成功された。

入社当時にも事故の責任を取って沢山の技術者が自分の考えで退職したが、失敗した人を知らない。勿論、当時は技術者にとって良き時代だったのかも知れない。

数年後、総務部長は社長になられ、前勤務会社の経常利益は4倍から5倍にも増え、経費抑制作戦は大成功となった。しかし、開発力がなくなったので、新商品の開発は難しくなった。一度失った技術力を取り戻すのは非常に難しい。短期的には大成功だが、長期的には素晴らしい未来を開くのは難しくなったのかも知れない。

誰が社長になっても、企業の原則は「付加価値を生まない社員は歓迎されないものだ」。

特に総務部長のように経費削減での収益向上を目指す人は厳しい。権力闘争が一段落すると、仕事ができない人たちが次々と排斥されることになった。そういう点では総務部長はすごい経営者だと思った。しかし、会社は技術力だけで評価されるものではなく、経営力も大きな力を発揮するので、大きな発展は失われているが、35年後の現在も会社は立派に経営されている。総務部長のやり方も立派な経営だろう。

技術者とか営業部の多くの社員は退職を選んだが、残留を選んだ人も沢山いた。多様な意見があるのは素晴らしいと思う。

会社発展には技術開発力と経営力が必要で、これらのバランスの良い体制が必要だろう。

起業編

「付加価値経営は会社の基本」

1. 脱サラと起業

研究部2年、生産部8年、営業部8年と、入社以来18年間働かせて頂き必死で働いてきたが、私の考えと異なる方向に会社は進み始めた。必要な時は頼まれるが、私の意見は通らない。サラリーマンに嫌気がさした。18年間必死で働き勤め上げた会社ではあるが、退職し1985年1月に神戸天然物化学を設立することになった。

私としては社命通り、土山工場を立て直し、営業部も立て直し、色々な新商品の開発もしてきたので、恨まれることはないと思っていた。しかし、日本人の気質から組織を去る者は敵と見なされるのだろう。長らく仕えた元上司から会社設立後は色々な妨害工作を受けたが、実害はなかった。

東京営業所に出向き社長に退職の挨拶をしたが、社長からは困れば応援してあげるとの温かいお言葉を頂いた。社長には色々と気を使って頂いた。立場も異なり、年齢も異なるのでお付き合いはできなかったが、素晴らしい方だった。神戸天然物化学は研究開発会社で、日本テルペン化学は生産会社である。両者が共同で仕事ができないかと思ったが、我々の力不足でそのチャンスは来なかった。

　過去には2名の社員から退職するので事業を共同でやらないかとの誘いを受けたことがある。彼らの事業計画は私の考えと異なるのと、私には重度障害児がいるので無理だと断った。1名は音信不通となっているが魚屋さんをしているとの噂がある。他の1名は今でも懇意にしている。彼は化学問屋を開業したが上手くいかなかった。しかし、不動産会社を新たに開業し、立派に経営している。彼らも苦労をしたと思えるが、なせばなるだろう。

　現状からの脱出には、転職と起業の道がある。多くの人が転職を選ぶのはリスクが少ないからだろう。それでも起業に進む人も沢山いるのも確かだ。

　このままでは会社の発展に寄与できないし、私の将来もないと思えた。私は1年以内に退職し会社を設立すると決めた。この時点で、独立後の仕事が確保できる計画はない。1年間（実際は半年）の猶予の間でやるべき仕事を考えたいと思った。勿論、小さな研究開発会社を設立するという、漠然とした構想は持っていたが、そこに需要があるかどうかは分からない。しかし、２～３人程度なら何とかなるだろうという自信はあった。在職中には試薬の営業活動は一切実施しなかったので、仕事は集まらなかった。

不安だらけの創業であるが、実際は小さな研究室を作り、それから仕事を探すことになった。職場ができると営業活動も本格的にできる。実験台１台だけの小さな作業場だけれども嬉しかった。先に仕事を見つけることはできなかったが、小さな職場を作ってから仕事を探した。結果論として、不安は大きかったが、この方法が正解だった。

退職の動機は経営方針の相違であり、個人的な恨みはない。１９８４年の12月末の退職と決まった。退職日までは勤めるべきと思っていたが、常務取締役からもう出てこないでくれと頼まれたので12月25日までとした。

12月中旬からは主たる得意先には退職の挨拶を行った。得意先の社長とか役員から工場長で来てくれないかとか社宅も用意しているので是非来て欲しいとの連絡が入った。在職中はそのようなお誘いはなかった。数度しか会ってない社長から熱心な誘いの電話が入ったりもした。

恐らく、普段から観察されており、在職中は表面化しなかったが、退職するとなると、5社程度からの強烈な誘いがあり驚いた。有難い話であるが再度サラリーマンをする気もないので丁重にお断りをすることになった。

退職後、常務取締役に退職のご挨拶に行きたいと電話をすると、君も来辛いだろうから、外部（三宮）で会おうと言ってきた。私は行き辛いこともないので行きますよと返事をした。

退職してしまうと、こちらも怖いもの知らずとなる。お世話になった先輩たちにはお礼を言って別れた。それでも前勤務会社の特定の役員からは相当警戒された。

残念ながら日本社会では退職者は裏切り者で、敵と見なされる傾向がある。私は前勤務会社では生産部と営業部の立て直しに尽力し、沢山の商品を開発して残してきたが、それらは評価されないものだ。新会社では誰にも頼ることはせず、独自に仕事を探し、ゼロからの出発とした。前勤務会社で私が開発した開発商品を取り込まないこと、また、前勤務会社社員の引き抜きはしないこと、自分たちで仕事を構築すると決めていた。

1984年の12月末に退職したが、1985年の新年会で常務取締役が社員に「彼ら

(３名の会社)に負けるな」と檄を飛ばしたという話が伝わった。本当かどうかは知らないが、我々は小さなストーブを囲み寒さと不安から震えていた。

事前に幹部社員6名に退職を打ち明けた。その内の2名が私の事業に参画を希望した(彼らは私が起業しなくても退職していた)ので、３名での創業となった。彼らは１９８４年の10月に退職した。私は暖かくなる１９８５年の4月以降に新会社を開設と思っていたが、彼らが早く退職したので、私も１９８４年12月末に慌ただしく退職、会社設立は１９８５年の１月22日と早くなった。３名での創業は活動範囲も広まり、有難いことになった。

他の人には何の連絡もせずに送別会もなく、静かに退職した。しかし、私は研究係長、製造課長(本社と土山工場)、開発課長、営業開発課長を歴任したので、社員の60%以上は私の元部下で、共に仕事をした仲間だ。また、社友会(第2組合)の会長もしていた。

会社を設立すると沢山の人が訪ねてきた。既に転職した人たちの溜り場にもなっていた。お手並み拝見と、退職者の情報交換の場ともなっていた。会社設立の時に、何故声を掛けてくれなかったのかと文句を言う人も出て、就職を頼まれた。しかし、創業当時は景気も悪く余裕もなく先行きは真っ暗なので、とても沢山の人を採用できる状況ではない。

暫くすると訪問者が減ってきた。神戸天然物化学への訪問禁止令が出されたとの情報が入った。しかし、退職したいと思っている人は禁止令が出ても無視してやってくるし、色々な情報を話してくれる。

軌道に乗り始めると、採用して欲しいとの要望が出始めた。退職社員の採用は問題なく進めた。現役社員の転籍には気が引けるので一旦は断ることにしていた。しかし、当社に入りたいと思う人は何度でも来る。当社が採用しなくても彼らは退職し、他社へ転職するのは明確だ。それならば、我々の方から勧誘はしないが、門を叩く人を拒まないこととした。

以前の会社からは14名が転籍（退職者を含む）し、管理職の中枢を担ってくれた。退職者を含めて、当社の門を叩いた人は30名を超えた。研究部時代の一番弟子であったS氏からも「何故、自分を誘ってくれなかったのか」と最近聞かれた。「旧社には部下も沢山残っているので、私からは勧誘はしないと決めていた」と答えた。前勤務会社では常務取締役をしていたが定年となり自由の身になった。何か役に立つことはないかと聞かれたので、社長とも相談して、監査役に就任して頂いた。S氏が最後の転籍者だろう。組織が変わり、40年以上経っても人間関係は続く。

会社と対立するような有能な人が退職すれば、イエスマンばかりとなり、多様性は薄れ会社の発展はない。退職者の多い会社に良い会社はない。社員が思い切り活躍できる場を提供するのが会社の役目だろうと思う。

前勤務会社では私が勤務した18年間でも2度にわたり大量の優秀な技術者が退職した。彼らは辞めたくて辞めた訳ではない。辞めずに頑張れる職場が構築できていれば、彼らも辞めずに、会社も立派な会社に成長していただろう。残念なことである。

経営者は社員が存分に働ける場を提供するのが仕事だ。

私には残留、転職、独立の道があり、選ぶべき時が来た。総務部長が推進した技術と営業軽視の経費抑制作戦には同調できない。会社に残留して大きな権力に対峙して大きなエネルギーを使う意義があるのだろうかと考えてしまう。また、日和見的な技術系取締役にも失望していた。誰の為に戦うのかも定かではない。

また、再度サラリーマンになる気もしない。それならば新しい会社を作って、より立派な会社を構築した方が可能性も大きいし、前向きに過ごせるのではないかと考えた。

この考えを実証する為には、必ず日本テルペン化学より立派な会社を構築しなければならないと思った。勿論、日本テルペン化学と対峙し、戦うのではなく、結果論としてそのようになりたいと思った。

2. 会社誕生とその原動力

日本に於いて会社の数は減少傾向にあるが、それでも約２７０万社（63%は所得税を払っていない会社）もあり、町には会社の看板が溢れている。彼らが生計を立てている理由は「付加価値を得て生計を立てている」ことに尽きる。付加価値＞経費の会社は利益が出るし、発展もできる。しかし、付加価値＜経費の会社は赤字で苦しい経営が続くし、長く続けば倒産となり（年間１万社程度倒産している）、会社は消滅する。

会社経営の原理原則は「付加価値を増やすこと」と「経費を減らすこと」に尽きる。

この原理原則が成功すれば会社設立もできるし、会社経営も問題なく続けられるし発展もできる。私のサラリーマン時代もこの原理原則に従って行動をしてきた。土山工場への転勤時も、安全対策を実施すると同時に定員の減少「経費削減」とか工程の改良「付加価値の増加」に取り組んできた。お陰で私は同年齢では出世頭とされていた。

社会はどんどん変遷する。価値観も変化するので、対応できなければ付加価値は年々減少する可能性があるし、経費は年々増加する可能性もある。既存企業も常に付加価値を増やすことと経費を減らすことをしなければ企業は消滅の運命をたどる。企業の中枢で働いている人は、常にこのような環境で努力している。新しい会社の起業も、会社の継続も、会社発展も同じ原理原則が適用されている。

　起業すれば直ちに社長になれるが、付加価値を稼げずに廃業する会社も多い。既存会社でも付加価値を沢山稼ぐ社員は出世できる。運が良ければ社長まで上り詰めることができる。付加価値を増やす為に、骨身を惜しまずに努力するならば、起業も出世もできる可能性は高まる。

「会社の原動力は付加価値にある」

●創業と継続（社会激動時に会社は生まれる）

　会社は泥沼のような混沌状態からも沢山生まれる。統計的な数字は知らないが、感覚的には終戦後の混乱期に沢山の会社が生まれた。バブル崩壊後に安宅産業（商社）とか山一証券等の大企業が倒産した。沢山の人が失業したが、沢山の会社も生まれた。

　社会が混乱している方が起業し易いのかも知れない。社会が安定していると企業の隙間が見つかり難いのかも知れない。

人手不足になると人材派遣会社が生まれたり、釣りブームが来ると釣り具屋を開店したり、警備需要が増えると警備保障会社を創業している。私の知人もこのような状況で開業している。我々の業界でも何社もの受託研究会社も生まれているし、治験の受託会社は需要の大きさから、何社もの上場会社が生まれている。私の従弟は荒物店を経営していたが、将来性がないので花屋（植木屋）を始めた。

知人は釣り具店、警備保障会社、花屋（植木屋）を全くの素人で始め、ある時期は良好な経営をしていたが、釣り具屋さんと警備保障会社は解散してしまった。彼らは創業には成功したが、経営の継続に失敗したことになる。

花屋の従弟と話していると、儲かりそうな話があると、商店街でも直ぐに新しい店ができるとのことで、商店主も常に良い仕事がないか探している。

会社の創業も、会社の継続も同じ原理が働いているが、会社の継続とか発展も難しいものがある。中小企業の63％程度が税金（所得税）を払ってない現実がある。会社設立も大変であるが、継続も大変である。どちらが難しいかと聞かれるが、原理は同じなので同じ位難しいのだろう。

全ての会社は儲けたいと願っているが、継続的に利益を出すのも難しいことである。常に付加価値を上げる努力が必要で、手を抜けば赤字に陥るかも知れない。当社はハードルを上げて20％以上（当初は30％成長）の発展を目標にしてきた。ハードルを高く上げることにより、黒字経営と会社継続ができたのかも知れない。

収支トントンで良いと考えるならば、直ぐに赤字経営に陥るだろう。少し高い目の付加価値向上を求めた方が安全なのだろう。

●従来産業からも会社は生まれる

前勤務会社でも、数社に仕事の一部を委託していた。特定の仕事を委託したり、労働者の派遣も受け入れていた。神戸地域は港湾労働者も沢山いたし、私の友人も大阪の西成地域で労働者の手配師をしていた。しかし、これらの手配師は効率化された人材派遣業に発展したと思われるし、同様に警備の仕事が増えると警備保障会社も沢山生まれた。高利貸し業を個人で営む人も沢山いたが、サラ金業者が生まれ発展してきたので、個人の高利貸しは衰退していった。

当時は便利な電気とかガスの社会ではなく、生活用品とか燃料（まき、炭、練炭、石炭、石油、プロパンガス……）とか食料品を営む小売業も沢山存在していた。しかし、ダイエー等のスーパーマーケットが生まれ、安価で大量販売が主流となった。

また、燃料関係も電化製品が発達し、便利な電気とかガスが主流となり、沢山の小売業が廃業した。父の創業した小売業も生き残ることはできなかった。コンビニエンスストアーとか業務スーパー、ネット販売が主流となり流通革命が進んだ。また、衣料とか家具の分野でもユニクロとかニトリがチェーン店化し効率化とかサービス向上に成功し、より大きな産業として育ってきた。

個人による家庭教師業界から大きな会社組織としての学生塾が生まれているし、色々な専門学校が生まれている。最近は沢山の有料老人ホームも生まれている。

このように従来産業の効率化とかサービス向上によっても沢山の企業が誕生し、大きな産業に発展している。起業の原動力は効率化とサービス向上と考えられる。そのように考えると、会社経営も起業も同じ原理で動いている。産業の効率化とかサービスの向上ができれば起業が可能となる。

●新しい技術開発により沢山の産業が生まれる

新しい技術が生まれると、その技術を使った沢山の産業も生まれる。その産業が社会を発展させる。新しい社会が次のさらに新しい技術を生み出し、さらに新しい産業を生み出す。

火薬、プラスチック、蒸気船、電気、鉄道、電話、自動車、コンピューター、原子力発電、テレビ（ブラウン管、液晶、有機ＥＬ）、半導体、記憶媒体、太陽電池、蓄電池、風力発電、炭素繊維、各種部品等々、枚挙にいとまがない位の技術開発がなされて、沢山の会社ができてきた。これにより社会構造も大きく変革されてきた。また、バイオ関係、核酸関係、ＩＴ関係、ＡＩ関係でも沢山の会社が生まれているし、これらの発達により、さらに新しい社会が形成されるだろう。神戸天然物化学も技術開発により生まれた会社だ。そして、目下、当社は将来性のあるバイオ関係とか核酸関係のビジネスにも進出している。

3. 夢への挑戦と設計図

●会社の中枢で活動している人の創業

サラリーマン時代の経験として、会社の中枢を担う人たちは、理系出身の人と文系出身の人から構成されている。理系出身者は地道に「付加価値増大」と「経費削減」により、専門の技術により会社を発展させようとするので、実動部門を担当するケースが多い。

文系の人たちは一般的に人間関係を重視し営業、経理、人事、経営企画、総務等々幅広い分野に進出している。

お得意先の巨大化学会社の社長は、〝理系と文系の入社比率は8：2で優秀な技術者が沢山入社されるが、経営者（取締役）になるのは2：8で技術系の出身者は少ない〟と嘆いておられた。理系の人は技術のみで勝負をしようとするが、文系の人は人間関係も重視し幅広い分野に進出されるので出世をされるのかも知れない。しかし、理系出身の巨大化学会社の社長は経営も独学で学ばれて大変な出世をされた。

サラリーマンとして入社した前勤務会社では技術系の人たちが主流だったが、事故が続くと技術者は責任を取り退職してしまった。後を継いだ技術者は弱いので協調体制となり、１９８４年頃からは取締役総務部長の力が強くなり、技術系役員は力がなくなってしまった。

私は技術系の実践者として頑張ってきたが、上司の力がなくなり、技術開発とか営業開発を軽視されると、私も働く目標を失った。私の経営者仲間でも、経営の中枢で地道に頑張っていたが、兄貴（社長）とか、経営者と衝突して退職を強いられ、起業した人たちが多い。

技術系の人たちは常に付加価値の創出を考えている人たちなので、起業のトレーニング（認識はしていないが）を常にしている人たちだ。組織から放り出されても、起業により対抗し成功もしている。私もその１人だと思っている。既存の企業からも起業のチャンスは大きい。

文系の人たちは人間関係とか幅広い経営知識で活躍されるが、誰かの力を借りなければ起業は難しいだろう。しかし、最近はベンチャー企業も社長募集をするので、沢山の需要があるように思う。私の友人は何社ものベンチャー企業の社長を兼務している。

それでもベンチャー企業の社長は理系出身者が圧倒的に多いと思う。

●関西の研究開発会社

関西には不思議と化学分野のベンチャー企業が沢山生まれている。ペプチド研究所、大阪合成有機化学研究所、ナード研究所は１９６０年から１９７０年代に設立され、当社が設立された１９８５年頃には既に立派な研究開発会社としての地位を確立していた。

後日、３人の創業社長は私の大学の指導教官のＯ教授の仲の良い同級生と判明した。ナード研究所のＡ社長から〝先日Ｏ君と同窓会で会ったよ〟との電話を頂いた。Ｏ教授は大阪大学でＡ社長は京都大学からエール大学に進まれていたので、どこの同窓会ですかと聞くと、高等学校が同級生とのことだった。

Ｏ先生から紹介されたのではなく、先輩たちとは仕事を通して、既に取引関係があり、色々とお世話になっていた。ペプチド研究所は大阪大学発の会社で専門職の性格が強く、まさに大学発の研究開発会社だ。大阪合成有機化学研究所とナード研究所はゼロからのスタートであり、我々と同じような立場で創業された大先輩でＮ社長とかＡ社長とは長く懇意にさせて頂いた。

日本テルペン化学時代にはテルペン類の開発とか、新商品の受託生産を行ってきた。新会社では設備面と資金面でこの種の仕事をするのは不可能だ。

可能性として実験台1台を作り、化学分野の受託研究とか研究用に必要とされるサンプル合成なら我々でもできると考えた。この種のマーケットがどの程度あるのか分からないが、この分野で起業するしか仕方がない。幸い有機合成化学は長らく勉強してきたし、沢山の経験も積んできた。我々にとって最も自信のある分野だ。できれば有機合成化学分野で勝負をしたい。

サンプル合成等の研究受託会社を設立し、会社が発展し資金的な余裕ができれば、直ちに受託開発とか受託生産分野にも参入できる。10年とか20年の年月は掛かるが、明るい未来が開けるような感触を持てた。

問題は適切な仕事があるかどうか？　採算が取れるかどうか？　は分からないので一番の不安材料だ。我々は1台の実験台で行う仕事で準備を進めた。

退職を決めてから会社設立まで、半年程度の時間があり、どのような会社にするべきか考える時間ができた。３人で設立し、社名、資金調達、会社の仕事、設備投資、許認可の届け出、公害処理とか化学反応、当面の会社計画等々につき相談をした。しかし、会社の長期的な目標として、「何時かは日本テルペン化学を追い越すこと、運が良ければ１０００人の大会社を作りたい」、私は心に誓っていたが、仲間に公表するのは後の話だ。

３名で設立した零細企業が１１０名の伝統ある会社を追い越すといっても、誰からも相手にされないと思えた。私としては絶対に追い越したいと思っていたが、仲間に公開するのは実績が見えてからにすべきと考えたので公開は遅れた。

また、私が作りたい会社像を４項目の会社目標にまとめていたが、会社開設時は如何にして新会社を軌道に乗せるかが最大のテーマだったので、大きな目標を提案しても無理と思い、この件も会社が順調に進んでから公表することとした。５項目めは後日追加した（「私達の目標」（Ｐ３７１）参照）。

●新会社の資本金と仕事

退職を決めてから、会社設立までに時間的余裕を取った。その間に新会社の業務とか形態、さらにどのような会社にするかの設計図を考えた。

資本金１０００万円で研究開発会社の設立を計画した。お金持ちの父は私の会社設立には反対したので、父の出資は望めない。一番協力的な姉夫婦からの出資も父から禁止された。姉の家庭に不幸があり、心配をかけるなとのことだ。〝姉に出資を要請すれば勘当する〟と釘を刺された。我々で調達するしか仕方がないので、小さく生んで大きく育てることとした。１０００万円あれば何とか最小限の研究会社ならできると考え、親戚、友人から１００万円／１人で募集した。直ぐに１２００万円（２００万円は借入）が集まった。早く退職したＫ氏が見つけてきた土地（60坪）に30坪の倉庫（一部は２Ｆ）を建てて家賃16万円／月で借り、１台の実験台、分析装置、実験器具を購入して目出度く社員３名で神戸天然物化学はスタートすることができた。

試薬の製造、研究者が必要とするサンプル合成、製薬業界、農薬業界とか機能性材料の研究用のサンプル合成を請け負えば、（過去にこの種の仕事をしたことはないが）何とかなるのではと思えた。実際に開業してみると、綱渡りではあるが何とか仕事を集めて事業とすることができた。

株式を募集すると、５００万円単位で出資したいと言う人が複数人現れ、世の中にはお金持ちが沢山いるのを知った。私でも３０００万円程度は簡単に集めることができると思えたが、親戚とか知り合いだけに絞り、資本金１０００万円とした。

投資家は信頼できる人のみに絞ったので、資金的には苦しんだが、経営は我々の思う通りにできた。

以前の会社では石油化学会社、塗料会社、香料会社、商社等を得意先としていたが、仕事を頂けそうな、試薬会社、香料会社、繊維会社、製薬会社、農薬会社、化学会社、化学商社を訪問した。以前の会社とは得意先も異なるし、取引材料も異なる。取引単位も小さいけれども、同じ化学業界で通じるものもあり馴染むことができた。３カ月程度で何とか倒産をせずに経営できるだろうという自信ができた。

１９８４年12月末の退職と決まったが、12月末までは前勤務会社から給与を貰っているので、当社の営業活動はすべきでない。１９８５年１月22日に登記が完了し、１月から営業活動を開始した。何とかなるだろうと思っていたが、当初は簡単なものではなかった。１年も２年も赤字が続くならば我々は生き残れない。死に物狂いで働いた。２月86万円、３月１７４万円、４月５１０万円を売り上げた。

これで何とか倒産せずにいけると思えた。３カ月で何とか見通しを付けたことになる。

我々も休日はなく夜中まで働いた。

●会社の基本的な理念（会社目標）

起業は一大事件で、我々の最も強い分野で戦いたい。有機合成化学は大学から必死で勉強してきたし、就職してからも研究部（2年）、生産部（製造課長8年）、営業部（営業課長8年）と渡り歩いたが小さな研究室を常に確保して研究開発活動を続けてきた。研究部では沢山の成果を出してきた。しかし、工場の立て直しとか営業の立て直しを命じられての転勤となったが、小さな研究室確保を転勤の条件とした。適切な成果も挙げていたので認められた。しかも、化学による物作りとか販売もしてきた。化学分野は我々の最も強い分野だ。

会社設立までに新しい会社の大まかな方針を作成した。

①　科学（化学）技術分野での起業を目指したい（技術立社）。

我々の最も得意とする分野での起業となった。早く軌道に乗せたいと願った。原資も少ないので、もたもたしていると倒産してしまう。科学技術はあくまで道具であり、適切に運営されなければ利益は得られない。技術を原動力とし、同時に良質な経営力により付加価値を得たい。

②社会に役立つ仕事を社業としたい（社会悪は仕事とせず）。

化学技術は両刃の刃であり、毒にも薬にもなる。社会悪に繋がる仕事は絶対にしないことを誓って開業をした。

会社が儲かっても、化学兵器、生物兵器、麻薬、公害、爆弾、火災、工場事故で社会に迷惑を掛けるならば会社設立の意味がない。そうなれば会社を閉鎖する覚悟で設立した。

③会社を大きく発展させたい（発展）。

せっかく会社を作るので可能な限り大きくしたい。３名で会社を作り、20年後５名とか10名で仕事をしているならば、開業した意味はない。まずは以前の勤務会社（社員１１００名）より大きな会社を作りたいし、可能なら社員数１０００名以上の大企業まで発展させたいと願った。会社発展を社是に入れて頑張ることとした。

④お客様とは共存共栄を図りたい（共存共栄）。

お客様とは仕事を通してお役に立ち、喜ばれる関係を構築し共存共栄を目指したい。

第38期は売上高も23・4%増加し、お得意先から沢山の注文を頂いた。我々も有難いことだし、お客様にも貢献できたと喜んでいる。

⑤　社会の一員（社員も会社も公器）。

個人も会社も社会から歓迎される存在でありたい。この為には会社も社員も社会的責任を果たす行動が求められる。社会規範を守り社会から歓迎される会社を作りたい。

会社設立5年後に、これらの方針を「私達の目標」（P371）として定め、社員に知らしめた。⑤項目目は公開時に追加した。幸い、36年間の社長、会長在任期間中は大きな違反もなく会社目標を守れたと思っている。

年末表彰時にはこれらの会社目標に該当する社員を表彰した。

社員の自己啓発への応援、新規技術の開発、特許取得等々は（第1項）に関する事例である。

1995年地下鉄サリン事件とか、最近はウクライナ戦争、ハマスとイスラエル戦争が起きている。我々として危惧していた出来事が本当にこの社会で起こっている。科学技術を使った殺人が現実的に行われている（第２項）。

会社発展には会社を挙げて取り組み、35年間で社員数は３名から３０１名（２０２１年４月１日）まで増加した。累計の売上高は８００億円を超え、経常利益も１００億円ほど稼ぎ、適切な税金も払ってきた。設備投資も２００億円を投資し、１２７億円の償却もしてきたので成果を出したと思っている。会社の発展が社会貢献にも役立ったと思う。せめて日本企業も年率４％程度は発展していれば、良い国になっていると思われる。発展してこそ社会貢献ができる（第３項）。

貧乏会社だがお客様から投資依頼を受けた場合はできるだけ出資をしてきた。また、技術面での共同開発にも力を入れてきた。最近は広瀬個人としても数社のベンチャー企業を応援している。お客様から沢山の注文も頂いている。得意先にも大きな貢献ができていると認識している。共存共栄は成功している（第４項）。

社員の飲酒行動、飲酒運転には厳しく対応してきたし、企業とか個人が起こした不祥事は経験していないので、有難いことだ（第５項）。

当時は零細企業でこのような会社目標を作る会社は少ないと思うが、最近は大企業でも粉飾決算、分析の改ざん等が長年にわたり習慣化していたとか、信じられないような規律違反を起こして社会から非難を受けている（第5項）。

●父の創業会社との相違

父の時代は、サラリーマン社会も脆弱で十分な求人体制もない時代で、自分で職を作る必要があった。当時はサラリーマンよりも自営業の方が収入も多かったので、沢山の人が自営業を目指した。二度目の起業では中堅企業の常務取締役を辞して開業している。だから、自分たちの家族が十分に働ける場が確保できれば、他人を雇用してまで事業を拡大する気持ちは少ないので、家族の労働力に頼っていた。小さな子供の労働力まで使っていた。私はそのことで大変な苦しみを受けたが、姉妹たちはそれを望んでいたのかも知れない。だが、3姉妹は既に帰らぬ人になってしまったので確認のしようがない。

同じ家族でもそれぞれの考え方は異なるので難しいものがある。2度の起業でも社員は（身内を含めて）10名以内の零細企業で終わっている。

父から会社方針とか会社目的を聞いたことがない。目標が小さければそれ以上には大きくなれないので、父の会社は或る時期には儲かったけれども大きくはなれなかった。自分たちの食い扶持が十分になればいいのなら、それ以上の発展はない。

●社員が辞めない会社を作る

沢山の退職者を見てきたが、私を含めて彼らは辞めたいと望んでいる訳ではない。このままでは将来展望が立たないとか、この職場では自分の能力が発揮できないとか、自由に仕事をしたい、職場に公平性がないとか、もっと良い職場があるのではとの思いから転職とか、退職を決めている。

社員からの前向きな提案はなるべく取り込むようにして、やる気が出るような職場を構築したいものだ。

生活の糧である給与が安ければ辞めたくなるだろう。社員と給与について揉めるのは嫌なので、当時は組合の設立に反対した。その代わり、私は「組合長兼社長」のつもりで経営したいと考えた。当初は神戸商工会議所の集計する給与とか賞与体系を目指すことにした。途中から神戸商工会議所は集計を中止されたので、東証1部の体系を目指すことにした。

中小企業が東証1部の給与体系を構築するのは難しい。それでも目指そうとするのは必要と思えた。マザーズ上場時に夏冬の賞与に加えて、3月に期末賞与（上場記念）を出した。この年は賞与を3回／Y出したので、上位にランクインができた。

博士課程で再度学びたい、大学とか国の研究所で本格的に研究をしたい、弁理士になりたい。このような社員には退職も認め応援もし、推薦状も書いてきた。逆に大学の研究員でも企業で働きたい人もいる、また、他の企業への転職を希望される人もいる。仕事ができる人は慰留をするが、退職を拒むことはできない。大量に退職されると困るが、適切な異動は社会の為には活力を与えるだろう。年間5％程度の退職者はやむを得ないし、適切と考えている。退職者は年間5名から10名と少ない組織を構築できた。

それでも、社員が辞めないような組織ができたのかと問われると、自信がない。特に組織が大きくなると難しい面が出てくる。

4. 起業に立ち向かう力は何か？

私の自我により小学校5年生の時から科学分野の研究員になりたいとの夢を持ったが、それが無理でも化学分野で生計を立てたいとの考えから、化学会社に就職をして頑張ってきた。

しかし、会社方針は変更され、科学技術を軽視する方針が出されたので、転職か起業かの選択を迫られた。高村光太郎の「道程」のように新しい道を切り開きたいと思った。さらに、父に進路を妨害された頃から、人生の過ごし方として、「太く短く」をモットーとして生きてきた。人生は一度しかないので、多少のリスクがあっても思い切り生きたいとの思いが強まった。

起業のリスクは高いが、研究開発会社の設立に向かった。色々な会社への転職を断り、特に悩むこともなく自然と起業を選ぶことができた。

経営編

「神戸天然物化学株式会社の発展」

サラリーマン時代に描いた方針に従って会社を設立したので、何とかして会社を発展させたい。その為には効率的に会社を発展させ、20年以内に前勤務会社に追いつきたいと夢を持った。

夢を達成する為には大きなエネルギーが必要になるが、夢はエネルギーをどんどん生み出してくれる。我々の生活の糧を得るためだけに創業していたならば、十分な糧が得られたらそこで安住してしまい、それ以上の発展はなかったと思われる。

勿論、夢には大きな夢も小さな夢もある。私としては大きな夢を達成したと思っているが、日本或いは世界に目を向けると、一代で何兆円もの富を築いた人も沢山おられるので、私の夢は小さなものということになる。大きな事業を成し遂げた人は、大志を持ち時代の先を読み努力された人たちで素晴らしいと思う。しかし、人には各自の能力とか運があるので、その人相応の夢が必要だろう。

小さなお店を作り経営されるのも本当に素晴らしいことだと思う。

1年は等しく過ぎてゆく。可能な限り効率的に働かなければ夢(創業+大きく育てる)は実現できない。創業以来の神戸天然物化学35年間の軌跡（出来事は10年単位、発展率は5年単位で記載）をたどり、私たちの経営的な考えも述べたい。

1. 創業の記、販売増加への対応
―１９８５年２月（第１期）〜１９９５年９月（第11期）―

第１期（８カ月）を１年に計算した数値をベースとして、第11期までの約10年８カ月の混乱期の出来事を記載する。第２期、第３期の売上高は倍々と増加した。これだけ増加すると全てが混乱状態となった。

第１期の売上高は２６７４万円（８カ月）で１年換算では４０１２万円と計算される。５年後の第６期の売上高は４億４８８０万円となり５年間で11・２倍にも増加した。平均年率60％以上も売上高が増えたことになり、売上高増加対策に追われた。後半５年後の第11期の売上高は６億２４００万円となり、５年間で１・39倍しか売上高は伸びなかった。我々としては手を抜いたことはないが、創業６年目の１９９１年に発生したバブル崩壊が大きく影響したと思える。色々と努力してきたが売上高は増えなかった。

会社業績は我々の努力だけで決まらない。社会情勢が予想外に大きく影響を与えることを学んだ。このような時期には焦らずに体力を増強するしか仕方がない。

●3名で創業

サラリーマンが作る会社なので資金がない。小さく生んで大きく育てる他はない。資本金1000万円でのスタートになった。

岩岡工業団地内の土地（60坪）に建坪30坪の二階建て倉庫を建てて貰い、1台の実験台を購入し少量危険物取扱所の許可を取り、3名の技術者で研究会社として神戸天然物化学株式会社は誕生した。

私は国内で2社の会社設立と1社の買収、アメリカと中国で2社の会社を設立したが、定款を定めて司法書士に依頼（自分でも登記はできる）すれば1週間程度で会社は設立できる。特にアメリカは簡単で設立日を今日にしますか、明日にしますかと尋ねられた位簡単に会社は設立できる。

社長になりたい人は会社を設立すれば簡単に確実に社長になれる。是非、会社を設立して社長になり、社会の発展に貢献して貰いたい。

●会社の設立と仕事の獲得

大地化成株式会社、株式会社ナード研究所、株式会社ワイエムシー、長岡実業株式会社、曽田香料株式会社、丸山善兵衛商店株式会社、その他の方々等々からご訪問を受け祝福して頂き創業することができた。

学生時代の指導教官である、関西学院大学理学部・Ｏ教授もお祝いに来られ、『メルクインデックス』の辞書を頂いた。スレート葺の倉庫に１台の実験台があるだけのみすぼらしい会社に驚かれ、「広瀬君、大丈夫か」と連発され、大変心配された。先生から見れば大学の設備と比べてみすぼらしい会社だと思われたが、我々は素晴らしい基地ができたと嬉しかった。その後も教授とは長いお付き合いになったが、「広瀬君、大丈夫か」が挨拶になってしまった。先生は我が社の零細企業時代しか知らないが、最近の出雲工場とか本社の研究設備を知れば驚かれるだろう。お見せできなかったのが残念なことだ。

研究開発用のサンプル合成の仕事なら大きな資金も要らないし、何とかなるのではと考えたが、具体的な仕事は何もないので不安だらけの創業となった。１９８５年の正月明けから、広瀬のネットワークを活用して香料業界、試薬業界、化学業界、農薬業界、製薬業界で活動を開始した。

自分たちで作れそうな化合物を色々と並べて〝こんなものは要りませんか？　研究室の雑用はありませんか？　サンプル合成の仕事はありませんか？〟と色々な会社を訪問した。大手製薬会社を訪問したが、担当係長さんから「広瀬さんとは取引をしたいが、創業間のない3名の会社とは取引が許可されないよ」と言われた。当然である。色々な会社を訪問したが、こちらの言い分は通らない。しかし、数年後にはその大手製薬会社と取引が始まった。

〝お前たちはたくましいな〟とよく言われたが、色々な情報（お客様の紹介）を頂けた。また、〝こんなものが合成できれば買ってあげるよ〟という情報が増えてきた。お客様の言う通りする以外に選択技はない。

サンヨーファイン株式会社、純正化学株式会社、曽田香料株式会社、三谷産業株式会社、丸山善兵衛商店株式会社、株式会社クラレ、和光純薬工業株式会社等々、得意先も増え始めた。

●資材購入と販売

会社創業時に於いては設備と機器の購入は難しい仕事である。資金力も信用もない新会社では販売と同じく購入も難しいものがある。幸い、個人的には納入業者と長い付き合いがある。実験器具等の調達は江藤機器商会のT氏にお願いした。

彼は根っからの商人であるが、男気がある人で全面的に協力してくれた。10周年記念パーティに来賓として招待した（阪神大震災の為、開催できなかったが）。彼は涙を流して喜んでくれた。我々も彼の協力に対して取引で報いることができたが、残念ながら病気で廃業してしまった。

試薬の調達は知り合いの会社に依頼した。私もよく知っている会社で、強力なコネもあり安心していたが、取引は厳しいものになった。基本的に現金取引しかできないと言うし、サービスも良くない。試薬調達が滞れば、納期とか機動力が生命線の研究開発会社にとって致命的となる。開設間もない信用のない会社と取引をしたくないのも理解はできるが、我々としては困った。

創業3カ月後に多次商店（化成品と試薬の問屋）のT社長が立ち寄られた。仕事の話をすると、全面的に協力すると言って頂き薬品の調達は彼にお願いすることにした。サービスも良く誠心誠意付き合って頂けた。研究会社にとって実験器具と試薬の調達は生命線であるが、調達面で安心できるようになった。

販売面では香料会社、試薬会社、化学会社、商社等々との取引が始まった。大企業では株式会社クラレ、高砂香料工業株式会社、曽田香料株式会社、和光純薬工業株式会社、純正化学株式会社との直接取引も始まった。

我々より4カ月早く創業したサンヨーファイン株式会社のS氏は商社活動として、製薬会社からのサンプル合成の仕事を我々に回してくれていた。会社を訪問し専務取締役のT氏（2代目社長）、S氏と広瀬で話し込んだ。

私の話が深刻だったのだろう。T氏から今回は我々のマージンは要らないと見積もりより高く買って頂いた。色々な人に助けられて会社は動き始めた。

3年後に残念ながら、共同経営者のK氏が個人的な理由で退職し、サンヨーファイン株式会社にお世話になった。

●販売拡大と資金不足と求人

創業5年後の第6期の売上高は4億4880万円となり5年間で11・2倍に増加し、経常利益も8000万円と増加し、期末人員も24名まで増大したが大幅な販売拡大により設備不足、資金不足、人材不足に悩まされた。

創業当時は円高不況、造船不況、半導体不況といわれ、幾つもの近隣工場が閉鎖され、職業安定所は職を求める若者で溢れていた。我々のような零細企業にまで、「仕事はありませんか」と来られる。その後、景気は急速に回復し、我々の仕事もどんどん増えた。バブル期が始まり、大変な人材不足、設備不足、資金不足に見舞われた。創業当時とは大変な変わりようである。

景気の回復と共に、大変な求人難となってきた。優秀な専門人材を集めなければ会社の発展はない。親戚、社員、友人からの紹介、新聞広告、職安、大学訪問に力を入れた。第６期までに新卒４名、大学紹介３名、職安４名、各種の紹介６名、以前の勤務会社関係４名、新聞広告１名で合計22名の採用に成功した。役員１名の退職があり、第６期末には24名まで増加した。大変な求人難の時代だが、求人には成功した。

●資金繰りに奔走

資本金の１０００万円と借入金の２０００万円は３カ月後に50万円まで減ってしまった。自宅を売りに出したが、不景気で売れなかった。売れたら、アパートを探さねばならないし困ったことになる。幸い何とか売らなくて済んだ。

設備関係も大半が賃貸とリースで対応した。納入業者への支払いは最優先で実施した。社長の顔色が冴えないからかも知れないが、「支払いは遅れても良いですよ、個人的に手形を割り引いてあげましょうか」と取引業者からの温かいご支援の言葉を頂いたが、甘える訳にはいかない。当たり前ではあるが、納入業者への支払いを一度も遅らすことはなかった。

しかし、我々の給与はある時払いとなってしまった。社長の給与を含め4名の社員の給与（84万円／月）が払えない。１９８５年12月末の入金により、12月31日に広瀬が社員の家に未払いの給与を全て届けた。それ以降は資金繰りができ始めて、給与の遅延はなくなった。

お客様からも当初は現金取引が許可されていたが、取引が増加するに従い手形取引となった。何社もの銀行に手形を持っていったが、取引が始まったばかりで1年間は手形割引ができないと断られた。第2期、第3期は売上高が2倍、2倍と増加した。これだけ売上高が増えると極端な資金不足になる。

税理士に相談すると、資金繰りは社長の仕事であり、社長が本腰を入れて取り組むべきと指導をされた。資金繰りは生命線となり下手をすると黒字倒産も考えられた。

創業半年後に兵庫県信用保証協会に債務保証のお願いに出向いた。「当社は研究開発会社です」と言った段階で「保証協会は製造会社にしか保証できない」と言われてしまった。慌てて「当社は研究所から仕事を貰いますが、彼らが必要とする材料を作って代金を貰うので生産会社でもあります」と訂正した。担当者では判断ができないので課長さんが出てこられて、何とか保証を取り付けることができた。債務保証により１９８５年9月に初めて太陽神戸銀行（現三井住友銀行）から、５００万円の融資を受けることができた。また、１９８６年6月に初めて５００万円の手形割引が可能となった。

その後、第6期までに神戸市のベンチャー資金（１９８８年1月、１０００万円）、兵庫県先端産業育成資金（１９９０年1月、３０００万円）、国民金融公庫、銀行等々から17回の借り入れを実施して合計で1億７０００万円の融資を受け資金不足を乗り越えることができた。

担保もない会社に良くも貸して貰えたと思う。勿論、約定返済が遅れたことはないが、これらの支援組織にお礼を言う他はない。この間に、手形、小切手の発行（１９８５年11月）と手形の割引もできるようになった。資金繰りが可能となり、会社も徐々に安定化していった。

●設備不足への対応

これだけ売上高が増加し、社員数も増加すると設備不足も深刻となってきた。創業３年後（１９８８年２月）に当時の本社から50ｍの所に岩岡工場（土地面積、１０００㎡）を建設し、危険物倉庫に加えて１０００Ｌ（ＳＵＳ釜）、５００Ｌ（ＳＵＳ釜）、２００Ｌ（ＳＵＳ釜）、５００Ｌ（ＧＬ釜）２基、３００Ｌ（ＧＬ釜）が導入され受託研究から受託開発へ、さらに機能材料分野での少量受託生産へと業態も発展でき、売上高で４億円程度の設備が整った。

１９８９年11月には工場内に３階建ての合成研究所（３×１００㎡）が建設され、研究スペースも大幅に改善された。同時に、ＮＭＲ装置等々の高度分析装置が導入され、構造解析とか分析面でも進歩できた。経常利益は出るが、化学会社の設備投資は巨額になるので設備投資額を利益で賄えない。従って、工場は賃貸で調達し、工場設備とか研究設備はリース調達となった。

岩岡工場の完成により受託研究会社から受託研究開発会社へ発展することができた。

実験台だけの会社から反応釜を持つ工場へ進むことができた。３名の創業者は工場経験者であり、この分野の工場建設、工場での試作生産は得意中の得意であり、資金調達以外は何の問題もなく進めることができた。

また、１９９３年10月に、バブル崩壊後の不況時ではあるが、年間売上高の３分の１の資金（１・６億円）を投じてグローリーテック市川工場を購入し、４０００万円で改修工事を行い市川研究所（研究所兼工場）の開設に漕ぎつけた。さくら銀行（現三井住友銀行）から１億３千万円の融資を受けてスタートできた。

市川研究所開設時には、一部の社員から〝急速な拡大は止めて欲しい、会社が倒産する〟と反対の声が上がった。社員の何倍も考え、資金調達にも成功し、対策を立ててきたので自信はある。社員から止めてくれと言われたが、止める訳にはいかない。計画通り実施した。

市川研究所への転勤希望者を募ったが、応募者はいなかった。ところが、市川研究所は拡大を続け設備も充実し、昇進も早いので人気が出てきた。次は島根県出雲市に本格的な工場を建設したが、この時には沢山の社員が応募した。

新工場の建設とか新規分野への進出については、社員は大きな不安に陥るので、当初は反対するが、見通しが付き始めると反対しなくなる。ここまで来れば成功である。

●営業部の開設

創業当時から、取引が増え始めるとお客様の担当者から、株式の一部を持たせて欲しいとの要望が出始めた。担当者との良好な関係もあり、２社（試薬会社と香料会社）と関係を強化する為に協議を進めた。試薬会社とは相互協力で経営者とも合意ができた。ところが香料会社の社長は高圧的で、とても協力関係は作れないと判断したので、お断りした。

試薬会社とは専務取締役とか社長とも良好な関係を築き、決算書もお渡しして経営面での指導をして貰い、取引は順調に伸びていった。売上高の30％程度まで増えていた。しかし、営業本部長が当社の第７期決算書（売上高４億８７００万円、経常利益７２００万円、社員数27名）から儲け過ぎと指摘し、「全ての商品を半額にしろ」と無理難題をぶつけてきた。バブル崩壊後で試薬会社も収益が低下しており、イライラしていたのかも知れない。

我々も半値にすれば、８千万円程度の経常利益が減るので赤字になる。相手が本気ならば、我々は取引を降りるしか道はない。赤字の仕事を維持しても仕方がない。我々も見積もりを出し、担当者と協議し彼らも十分なマージンを取って仕事をしている。試薬会社も我々とのビジネスでは十分な利益を出しているはずだ。お互いが了解した見積もりをさらに半値にしろと言われても、受ける訳にはいかない。彼らの会社が儲からないのは我々の責任ではない。

我々も初めから赤字になるような仕事は断る権利もある。社内からは何とか関係を修復して欲しいとの要望も出たが、お互いの信頼関係が構築できなければ前に進めない。１・６億円の売上高は１年後ゼロになってしまった。

営業本部長はその後退職され、中国ビジネスで成功されている。実力があれば活躍できるのがこの世界だ。

我々も１９９２年5月に東京営業所を開設し、１９９４年10月には本社営業部を開設して自社営業体制を強化した。勿論、従来からお世話になっている商社には引き続きお世話になっている。当社にとって大変厳しい出来事になった。しかし、営業部門が構築できたことにより長期的な戦略が立て易くなり、責任体制も構築できた。このことにより営業体制の改革が前に進んだ。

東京と大阪では相当文化が異なる。東京（本町）ではお客様に成果が出ると思えば前に進むが、大阪（道修町）では値切りの文化があり、必ず値切られる。我々の営業も東京が中心となってきた。

製造会社の営業部門が商社活動をしている会社（香料会社とか試薬会社の一部）から仕事を貰う場合は彼らの生産能力をオーバーした部分が当社に注文として来る。不況時にも彼らは自分たちの仕事を優先するので小さな不況でも我々への注文は大きく落ち込み、影響は数倍に拡大される。また、商社は常に我々の為に働いてくれる訳ではない。自分たちが儲ける為に我々を利用している。

我々より安く作る業者があれば簡単に取引先を変更してしまう。勿論、誠心誠意働いてくれる商社マンもいるので一概には言えないが、大切な営業活動は自分たちで担当すべきだろう。

●阪神大震災の発生とオウム事件

長い人生には予想もしていなかったことが起こるものである。我々は会社方針を立案し、年次計画とか中期計画を立案して行動している。一方では景気循環、戦争、災害、人為的な事件も起こり、我々の事業に大きな影響を与えるので、これらにも対応しなければならない。

　１９９１年1月に湾岸戦争が発生した。イラクがクウェートに攻め込んだ戦争に対して、同盟国が結成されて、戦争が始まった。日本は部隊を派遣しなかったので多額の戦費を請求された。遠い国の出来事と思っていたが、創業間もない会社にも湾岸税が課せられ60万円の税金が課せられた。この時に初めて、世界の出来事が会社経営にも大きな影響を与えると悟った。最近はロシアのウクライナ侵攻があり、日本国政府も適切な支援をしている。また、ハマスによるイスラエル攻撃もあり、困ったことだ。無駄な戦争を何故人類は繰り返すのだろう。

　また、コロナが蔓延し、政府は沢山の援助金を支給している。企業も国民も税金が大幅に上昇するのは覚悟しなければならないだろう。恐ろしい時代が予想される。

　また、我々のように小さな研究会社では景気変動の影響は小さいと思っていたが、その大きさには驚かされている。好景気の時はどんどん注文が来るが、不景気になると注文はなくなり、いくら頑張っても改善できない。

1995年1月17日、神戸地域を震度7の大地震が襲った。本社と岩岡工場では断水と停電と後片付けで2週間は完全に工場はストップした。幸い、社員に死者とか怪我人は出なかったが、社員の親戚に死者や大きな被害が出ている者もいたので、特別休暇を与えて救援に行かせた。

神戸市の化学会社では火災は発生しなかったが、多くの大学で火災が発生した。当社でも火災は発生しなかったが、本棚とか試薬棚が倒れ（簡単な針金で倒れ防止策を実施していたが、無意味であった）、分析装置の大半が実験台から落下していた。また、催涙性の強いベンジルクロライドの試薬瓶が割れて、後片付けが大変であった。

しかし、アンカーボルトで固定した試薬棚に容器に入れて保管した薬品（発火性のあるブチルリチウム）等は無傷であった。年末の危険薬品の整理や普段からの安全対策のお陰で被害を最小限で乗り切れた。

被害の大きかった会社の社員から当社に求職の依頼が沢山寄せられた。当社も残念ながら赤字基調で沢山の採用ができないが、3名の特別中途採用に踏み切った。

10周年記念パーティを実施する為に西明石にあるグリーンヒルホテルを予約し、社員、家族、納入業者を招待する予定で紹介状も送付していたがホテルが倒壊し、幻の10周年記念パーティとなってしまった。１年遅れではあるが、１９９６年11月に10周年記念行事としてハワイへの社員旅行を実施した。

神戸と大阪間を走るＪＲ、阪急と阪神電車は全て運行停止となりバス乗り場は長蛇の列ができていた。本社と岩岡工場は大きな被害が出たが、兵庫県神崎郡市川町にある市川研究所は無傷で緊急の仕事は市川研究所で実施した。工場の分散も大切なことと実感した。

１９９５年３月、オウム真理教による地下鉄サリン事件が発生した。作為的でとんでもない事件が発生した。29名が亡くなり６０００名もの人が治療を受けた。

松本サリン事件に続き、当社もサリンの原料になり得る試薬を調達（農薬の研究用）していたので2度目の調査が入った（兵庫県警）。薬品の出入りと研究ノートと保管がしっかりしていたので、調査は問題なく終了した。

純正化学のＫ専務取締役と話していると、色々な化学薬品の注文が来るが、一切値引き要請はない。不審に思い、営業マンに会社の業態とか薬品の使用目的等の調査をさせたら、注文が来なくなったとのことだ。警察の立ち入り調査により試薬会社の名前入り

47歳、働き盛り

のドラム缶が沢山テレビで放映されたが、純正化学表示のドラム缶はなく助かったと言っておられた。

化学物質は悪用される可能性もあり、普段からの薬品の販売管理も大切なことだ。我々の取引先は所在も用途も明確な企業ばかりなので、この種の問題は発生しないと思うが、注意はしておく必要を感じた。

2. 規模拡大と大型投資
―1995年10月（第12期）～2005年3月（第21期）―

第12期から第21期までの9・5年間の出来事を前半の5年間と後半の4・5年間に分けて記載する。前半の第16期の売上高は12億8800万円で第11期と比べて2・06倍、年率も15％程度の成長ができた。後半の第21期の売上高は33億4000万円に増加し第16期と比べて4・5年間で2・61倍、年率換算20％強と高い成長を達成できた。これだけ増加すると、化学会社にとっては大型設備投資が必要となり、大変な対応が求められる。

第19期には売上高25億2700万円、経常利益7億円、社員数113名を達成し、規模面で前勤務会社の日本テルペン化学を追い越し、関西の先輩研究開発会社の大阪合成有機化学研究所、ナード研究所、ペプチド研究所に追いつくことができた。会社設立時の夢は実現されたが、20年近くも経過すると、当時論争した人たちの全員が現役を引退され、帰らぬ人となっている。
今となっては前勤務会社を追い越したが、大きく発展できたことを1人で静かに祝うだけだ。

収益向上により、後半は企業買収（大地化成株式会社）、海外進出（アメリカと中国）、医薬分野とバイオとペプチド等の新規分野に進出を加速した。しかし、上手く行かない事業（海外進出等）も多発した。経営には撤退も大切な戦略となり、傷口が大きくなる前に、苦しいが引き下がるべきだろう。能力以上の拡大は禁物だ。

●社内の組織化

長い間、本社業務（営業、人事、資材、経理、その他）は社長と事務員、とパート事務員の3名で全てを処理してきた。省エネ経営と称して間接部門の抑制をしてきたが、完全に限界を超えてしまった。1992年5月頃から営業部を開設し、1997年4月に業務部、1998年2月に経理部を開設した。1998年2月にはグループの統括組織として医薬材料部、機能性材料部、化成品部、開発部を開設し工場と研究体制を4部に改組した。

応接室も会議室も社長室もないスレート葺きの狭い旧本社で12年間頑張ってきたが、ここも限界を超えていた。

●本社移転（1）JR神戸線の大久保駅前

求人募集に応じて面接に来るが、あまりのみすぼらしさから、何名かの求職者が面接を受けず帰ってしまう。或いは面接を受けても辞退してしまう。大企業の技術者が仕事の打ち合わせに来られるが打ち合わせ場所もない。しかし、慣れとは怖いもので、それが普通と思ってしまう。

JR神戸線の大久保駅前（明石市）が開発され、事務所用の賃貸ビルができたので1997年8月に本社を移転した。狭いが事務所、社長室、応接室、会議室が整った。ここで5年間を過ごすことになる。

●本社移転（2）旧西神工業団地本社、神戸研究所と神戸工場の開設

2002年11月、神戸市西区にある西神工業団地内にあった大同電子工業株式会社（半

導体関係）が売りに出たので購入した。大幅な改装工事を実施して2度目の本社移転をし、本社を神戸市に戻した。ここで17年間過ごすことになった。

引き続き研究設備を強化して研究部門を強化させた。２００３年12月には記憶媒体関係の仕事が増加したので、本社内に突貫工事で神戸工場を建設し、お客様の社長をお招きして開所式を行った。お蔭様で神戸工場は化成品部の本拠地として長らく栄えることができた。

●市川研究所の増強

１９９７年8月、市川研究所に１０００Ｌ（ＳＵＳ釜）、５００Ｌ（ＳＵＳ釜）、２０００Ｌ（ＧＬ釜）、１０００Ｌ（ＧＬ釜）、５００Ｌ（ＧＬ釜）等の反応釜とコニカルドライヤーの付属設備を含む試作工場が完成し、岩岡工場との2工場体制が整った。

開設時の第1研究棟に加えて、１９９８年4月には第2研究棟も完成し、４００MHzのNMR, MALDI-TOF-MS, LC-MS等の高度分析装置も導入され、試験室も完備され、当社の主力研究所兼工場となった。

MALDI-TOF-MSの商談には島津製作所の田中耕一氏が来所された。後にノーベル化学賞を受賞されたのは本当に素晴らしいことである。

●出雲長浜工業団地への進出

岩岡工場と市川研究所の2工場体制を構築したが、直ぐに満杯となり新工場が必要となった。兵庫県とか岡山県を中心に工業用地を探したが、価格面と排水処理面で問題があった。そんな時に地域振興整備公団と出雲市から熱心な勧誘があった。価格面と補助金と行政の支援体制を考慮して約9200㎡の土地を購入し出雲長浜工業団地に進出した。

1998年11月、島根県庁で知事、出雲市長のご臨席の下で調印式が行われた。2001年4月、市長のご臨席の下で出雲工場の竣工式が行われた。第1期工事では、第1工場、事務所棟、危険物倉庫、一般倉庫が建設され9名でスタートした。

市長とは年も同じで気が合い、色々な仕事をさせて頂いた。市長からは早く100名位の優良工場に発展させて欲しいと要望された。私は2021年の6月に会長を引退した。出雲工場は約2800坪の工業用地でスタートしたが、医薬工場は9000坪まで拡大し、その後、医薬品のGMP対応型の工場、治験薬製造を目的とするキロラボ工場に加えて、精製工場と粉砕工場、さらに分析棟も整備され、2005年3月には島根県

67歳、出雲工場進出

知事より医薬品製造許可を取得し医薬品製造会社の仲間入りができた。当社に於ける医薬品生産の主力基地に成長できた。

さらに化成品工場として５５００坪を新たに購入し、数次にわたる工場建設により、機能材料の生産基地に発展し、出雲２工場体制が確立された。現在は出雲工場の社員数も１３０名まで増加した。元市長との約束を果たせたが、市長は早くに引退されている。市長に喜んで貰えなくて残念なことだ。化学会社の発展には巨額の投資と時間が必要であり、我々のように稼ぎながら発展させる方式では時間が掛かってしまった。

しかし、それなりに地域経済の発展に寄与でき、私としては市長との約束も果たせたと喜んでいる。

●制度改革と新規分野への進出

当社は研究開発会社であり、会社の発展は社員の知識と知恵と独創性に負うところが大きい。社員の能力が上がれば当社も成長できるし、社員も不測の事態に遭遇しても対応できるかも知れない。一部上場企業でも研究職の希望退職を募る時代であり、社員もうかうかしておれない。２００１年６月から、プロ社員養成計画を開始した。資金的な支援をすることにより、社員に自己啓発をお願いしている。ほぼ全員の自主的参加により、語学、化学、特許、財務等々を学び始めた。

２００２年４月から、研究員を固定しての期間契約（ＦＴＥ契約）Full Time Equivalent 契約での受託研究が増えてきた。我々は顧客のプロジェクトに入り、見積書作成の必要もなく、落ち着いて研究ができる。お客様も優秀な研究員を必要に応じて確保できるので製薬会社からの需要が増えてきた。最盛期には25名程度の契約を確保できたが、リーマンショックと製薬業界の２０１０年度の大型特許切れ問題もあり、企業における研究投資は縮小して注文は激減し、当社の合成研究部は解散となってしまった。

受託研究でスタートしたが受託開発、受託生産へと体制を進化させた。それに伴い、２００２年９月にはＩＳＯ-９００１の資格を取得、２００３年12月にはＩＳＯ-１４００１の認証を取得した。ミス防止や失敗の防止等々の成果が出始めた。また、環境問題について社員の意識も向上した。

２００４年４月には将来のゲノム創薬や抗体製薬の分野に乗り遅れない為に企画開発部が開設された。探索材料部（ペプチド・コンビケム）、分離精製グループに加えてＤＮＡ合成・遺伝子工学等の部門を追加した。

化成品部の全盛時代（当社のドル箱）が続く間に、何とかして医薬事業（低分子医薬）とかバイオ事業（高分子医薬）を立て直したいものだ。さらにペプチドとか核酸分野（中分子医薬）にも進出したいので投資を続けた。

●大地化成買収と海外子会社2社設立

当社の株主であるＭ氏は商社出身の経営者で韓国語、中国語を喋り中国にも2社の化学会社を持っていた。当社との合弁会社の設立を打診してきた。当時の中国の人件費は月給が1万円とか2万円と非常に安いのでビジネスは成立すると思えた。

当社には中国進出の経験もないので、Ｍ氏51％、神戸天然物化学49％の資本構成で一致した。ところが彼らには資金力が脆弱なところもあり、Ｍ氏所有の大地化成（姫路市内に立地）の経営譲渡の強い要請があり、２００３年６月に買収することとなった。その後、２度にわたる株式の譲渡により１００％子会社となった。

M氏時代の取引は2年後に壊滅したが、神戸天然物化学からの支援で立て直すことができた。

２００３年10月にグローバルケミカルチームを海外営業部に昇格させた。アメリカ人からアメリカに会社設立の提案がなされた。サンディエゴ市に子会社（KNC Laboratories Inc.）を設立した。アメリカでの情報収集と顧客サービスを目的とし、事業拡大を視野に入れての設立だった。

M氏との合弁会社の大神医薬化工（太倉）有限公司も同月に設立した。主として化成品や医薬中間体の研究と生産を行う位置付けとした。

●20周年時の長期計画と結果

創業以来年次計画と中期計画（基本的に3年）は策定してきたが、会社業績は社会変動に大きく影響されるので長期計画は難しいものがある。

20周年のイベントとして第21期に5年計画と10年計画を初めて策定した。しかし、第25期にリーマンショックに遭遇して、計画立案時の第21期（売上高33億円）の実績から売上高を増加させることができない、酷い結果となってしまった。5年計画（第26期、売上高60億円）は13年後の第34期（売上高63億円）に達成できた。また、10年計画は21年後の第42期程度（第31期、売上高１００億円計画）には達成できると推定しているが、達成できるかどうかは分からない。

大変な遅れで計画は意味のないものになってしまった。原因は第25期(売上高50億円)に発生したリーマンショックにより、お客様の業績が低下して研究開発投資が減少した為である。我々もリーマンショックを克服できたのは第34期（売上高63億円）で、復旧に9年の歳月が流れた。5年計画は8年遅れ、10年計画は11年遅れとなりそうで、一番大きな遅延原因はリーマンショックと考えている。第25期の上半期までは順調で5年計画は予定通り達成できると考えていたが、大変な不況に陥った。

我々には売上高が減少するという発想はなかった。

社会変動は我々の努力を一瞬に吹き飛ばす。それでも不景気時に受託生産用の設備を増強したので、第38期には売上高は74億円まで増やすことができた。第39期も状況は明るいが、新型コロナの蔓延とか、ウクライナ戦争の動向で景気の先行きは読めない状況にある。また、これらの対策の為に政府は多額の予算を使っているし、軍事費も大幅増になりそうで、今後は間違いなく大増税時代が来るだろう。暗い時代ではあるが、道はあるはずだ。売上高も徐々に増加しているので、いずれ計画は達成できそうである。

3. バイオ、核酸医薬分野への進出とリーマンショック

―2005年4月（第22期）〜2014年3月（第30期）―

第22期から第30期までの9年間の出来事を前半の4年間と後半の5年間に分ける。前半の第25期の売上高は49億7655万円で、第21期の33億4447万円に比べると4年間で1・51倍に伸ばすことができた。年率は約11%と若干の低成長となった（若干のリーマンショックの影響がある）。2008年9月にリーマンショックが発生し、第25期から当社も大きな影響を受け始めた。

第30期の売上高は40億4551万円となり、第25期の49億7655万円と比べて0・8倍まで大幅に減少した。5年単位の集計で売上高が減少したのは創業以来、初めての出来事であり、発展どころではなくなった。後半の5年間は悲惨なこととなった。リーマンショックは我々に予想外の大きな影響を与えた。

●KNCバイオリサーチセンターの開設

景気の悪い時期ではあるが、2005年3月に神戸ハイテクパーク内にあるグラクソ・スミスクライン社の旧研究所（土地面積、約17800㎡）を購入し新規事業の基地として進めることにした。2005年5月にはKNCバイオリサーチセンターを開設し、核酸チーム、ペプチドチーム、分離精製チームの基地とした。その後、各種発酵釜を設置しバイオ部門を強化した。また、研究設備と分析設備も強化し、2006年には生命工学チーム、合成研究室と遺伝子組み換え研究室が併設された。

●創立20周年記念行事

2005年10月、大地化成株式会社とKNC Laboratories Inc.（米国子会社）も参加して160名で、20周年記念式典が淡路島で行われた。

●海洋バイオテクノロジー研究所に研究委託

2006年7月、日本女子大学の研究室に社員を派遣した。その後、海洋バイオテクノロジー研究所に社員を派遣し、酵素反応の技術習得の為に研究委託を進めた。海洋生物資源の活用を目指して新たな産業の開拓を目指したが、我々の力不足で大きな成果は得られなかった。

●海外子会社の撤退

２００７年７月、アメリカの子会社KNC Laboratories Inc. は社長の健康問題により、解散せざるを得なくなった。また、10月には中国の合弁会社のパートナーが撤退し、大神医薬化工（太倉）有限公司は当社の１００％子会社となった。

研究開発分野での海外展開の難しさを経験した。ただ、核酸医薬分野では米国での開発が先行し、活動の機会が沢山生まれているので少し悔やまれる。

大神医薬化工（太倉）有限公司は２０１４年12月まで活動を続けたが、残念ながら撤退となってしまった。

●リーマンショック（2008年9月に発生）の影響

低所得者向け住宅ローン会社であるリーマンブラザーズ社の倒産により、世界的に大変な不況に見舞われた。我々のような小規模の研究開発会社までは大きな影響が来ないだろうと考えていたが、そうではなかった。当社の得意先の化学業界とか電器業界でも業績が低下し、研究員を含む大幅なリストラが行われた。

同時に医薬業界でも２０１０年問題（大型医薬品の特許切れが大規模に発生）があり、製薬業界でも研究員を含む大規模なリストラが実施された。

お客様側でリストラが始まると、委託業務の内製化が始まり、研究委託は大幅減少となった。特にＦＴＥ契約に基づく委託研究は全滅状態となった。他社に研究委託をしながら、自社の研究員を解雇することはできないので、受託研究仕事はなくなることになる。

それを受けて、２０１０年3月には非常事態宣言を発令し、我々の第26期販売計画も50億円から43億円に減額修正をした。経営戦略を発展から守備に変更し、設備投資の凍結、経費削減に取り組んだ。さらに状況は悪化しているので、7月には第26期販売計画を35億円に第二次減額修正（計画の70％）を実施した。社員説明会を開催し、給与カットと賞与カットのお願いをした。第26期の売上高は35・3億円まで低下（第25期よりも14・4億円の低下）した。

経費削減計画により損益分岐点を5億円程度下げることに成功したので第26期は約

１億円の黒字で乗り越えることができた。黒字になったので給与を復元させた。

第27期はさらに状況は悪化し、売上高は32・3億円と低下し、８０００万円の経常赤字決算を決断した。実質的に創業以来、初めての経常赤字である。幸い、子会社の大地化成売却により純利益は１４７万円の黒字とすることができた。

●兵庫県納税功労者表彰を受ける

２０１０年５月、兵庫県知事から納税功労者表彰を受けた。兵庫県下約3万社ある会社から25社が選ばれたとのことである。過去3年間の納税額から神戸天然物化学が選ばれたが、当社は不況の真っただ中で非常事態宣言を発令して苦しんでいる。とても表彰を受ける気分ではないが、このようなチャンスは2度と来ないと思いお受けした。

●開発室の開設と子会社売却

不況により沢山の研究員が仕事に溢れて遊んでいる。２０１０年10月に自分たちで仕事を作ることを目指して開発室を開設した。社内の研究員12名を選びそれぞれ4名ずつでバイオ商品開発室、機能材料開発室、医薬開発室をスタートさせた。医薬開発室は

ＣＤＭＯ研究所として医薬事業部を支える研究所に成長できたが、他の開発室は成果を挙げることができずに解体してしまった。指導者不足と、社長としての明確なビジョンが示せなかったのかも知れない。新しいことを始めるのは簡単なことではない。

三菱東京ＵＦＪ銀行の仲介で大地化成を東和薬品に売却することが決まった。入金を以て契約書を取り交わすことになっていたが、入金がされない。調べると大地化成に間違って送金されていた。社長は直ぐに神戸天然物化学への送金を指示され、直ちに入金された。一時的ではあるが2か所に送金したことになる。資金不足で困っている我々では考えられないことだ。我々も経営的な余裕を持ちたいものだ。

売却先が一部上場の優良企業であった為に、社員にも歓迎され、売却は円満に進めることができた。

●東日本大震災の発生

２０１１年3月11日、三陸沖を震源とするマグニチュード9の巨大地震が発生し、大きな被害がでた。東北地方の工場が止まったことから、半導体や各種部品が入手できない為に自動車産業等の生産にも支障が出た。当社にも治験薬とか機能材料等の緊急生産要請が入った。合計で7億円程度の要請があり、何とかして対応した。

神戸市在住の企業として、阪神淡路大震災の時に神戸市は色々な企業からご支援を受けている。我々もお役に立ちたい。２０１１年5月、兵庫県が義援金の募集をしていた。最悪の経営状況ではあるが、会社と社員からの義援金をおくった。社員からも賛同して貰えた。

●格付け会社による評点の低下（２０１１年8月、第28期）

リーマンショックによる不況は大きな影響を与えた。普段から不況対策は十分に対応していたので、経営的に困ることはなかった。しかし、税理士からは、「不況時でも経常赤字は出すな」と釘を刺されていた。しかし、これ以上社員に迷惑を掛けることはできないし、粉飾決算をする気もないので経常赤字での決算に踏み切った。

遠く離れたアメリカの住宅ローン会社の倒産が日本企業に大きな影響を与え、その余波が我々にも大きな影響を与えている。

経常赤字を出したことで格付け会社の評点が大幅に低下した。第28期には帝国データバンク53点（第23期61点）、東京商工リサーチ58点（第23期62点）、リスクモンスターD

評価（第25期まではB評価）へ低下した。

その結果、お客様2社からは直接取引を中止され、さらに1社からは大変な苦情と共に厳重注意を受けることになった。銀行からも随分警戒をされるようになった。まさに税理士が言うように、赤字決算をするとお得意先とか納入会社とか銀行にかなり心配をかけることになる。取引銀行の1社からは四半期ごとの経営レポートの提出を求められた。

当社は十分な不況対策をしていたので困ることはないが、取引会社には大変なご心配をかけてしまった。税理士が言うように銀行とか取引先からは常に監視をされている。勿論、我々も常に業界の調査はしているのでお互い様だ。

当社も不況対策は十分に実施しているので、不況時の第27期と第28期で借入金を約15億円返済した。設備投資の減少と売上高の減少により固定資産と流動資産が減り、資金の余裕ができたために借入金も大量返済ができた。また、第28期は4億５１００万円の経常黒字となった。第29期には経営レポートの提出は免除され、銀行取引は正常化した。

経常赤字を出したが、財務面での十分な対応をしていたので困ることはなかったが、お客様（支払い側なので心配の必要はないが、赤字会社との取引は安定取引に不安が残る）にはご心配をかけてしまった。また、銀行にもご心配をかけてしまった。

●回復基調へ

２０１２年2月、エレクトロニクス関連材料の受託生産が増加し、出雲第二工場がフル操業状態となった。４月には創薬化学部等を医薬事業部に移管し、機能材料事業部・医薬事業部・バイオ事業部の現在の3事業部体制となった。6月には不景気によりカットしていた給与体制を復元させ、賃金カット分の６７００万円を夏季賞与時に返還した。9月にはＫＮＣバイオリサーチセンター内にＧＭＰ対応の蛋白質精製試作室を開設、同時に組み換え微生物からの蛋白質精製設備を導入し、バイオ分野の治験薬生産体制を整えた。

10月には経済産業省の研究組合に参加し、神戸大学に4名の研究員を派遣、遺伝子組み換えや遺伝子編集の研究に参加させた。また、医薬事業部では同月からジェネリック向けの治験薬の生産を始めた。

11月には神戸大学と共同開発中のＲＡＳ（抗がん剤）を大日本住友製薬に導出した。

マイルストーン契約により一時金を頂戴した。

２０１３年7月、神戸学院大学・M教授とのアンチセンスＲＮＡによる抗がん剤開発を目的とする共同開発に社員を派遣、さらに京都コンステラ・テクノロジーズにも計算科学技術向上の為に社員を派遣した。同月にＫＮＣバイオリサーチセンターにて「第3回植物生理科学シンポジウム」が開催された。また、同月からは数品目の医薬品原薬の生産が始まった。

●上場準備

２０１４年1月20日、上場のショートレビューをあずさ監査法人から受け、この日をキックオフとした。あずさ監査法人・ＳＭＢＣ日興証券・三井住友信託銀行からアドバイスを受けることとした。第30期を準備期間とし、第31期並びに第32期決算書の監査証明を取り、最短で第33期の上場を目指すことになった。３月にはＴ公認会計士を顧問に採用し、上場体制を構築することとした。

4．再出発とマザーズへの上場
―2014年4月（第31期）～2019年3月（第35期）―

第31期から第35期の5年間の出来事を記載する。

第30期の売上高は40億451万円で、第35期は62億9084万円となったので、1・57倍に発展した。まだ不十分ではあるが、年率約9・5％の成長をしたことになる。第26期から第31期までの6年間はリーマンショックに起因するどうにもならない停滞時期となってしまったが、第32期からは受託生産が寄与し始めた。リーマンショック後の苦しい時期に（第29期～第32期）実施した大型設備投資の成果が出始めた。また、受託研究の仕事も復活の傾向にあるが、一旦崩壊した体制を復活させるのは難しいものである。

●合成研究部の解体と2度目の非常事態宣言

2014年4月、合成研究部を解体し創薬化学部へ編入した。合成研究部は第25期売上高７・２億円、経常利益１・88億円を最高として、その後は年々業績が低下し、第30期は売上高１・３億円まで低下し赤字となった。第26期以降の受託研究は縮小基調が続き研究分野のＦＴＥ契約も壊滅状態となった。受託研究の全盛時代は終焉を迎え、我々も縮小せざるを得なくなった。ＦＴＥ制度は良い制度で、お客様への研究支援で成果が上がっていると理解していたが、お客様のトップダウンで消滅した。得意先も変わり２０２１年頃から復活の兆しが感じられる。２０２２年度はＦＴＥの需要も増加したが、我々の体制が整っていないので対応できなかった。残念なことである。

２０１４年７月、２度目の非常事態宣言を発令した。第31期は販売計画43億円でスタートしたが、上期の売上高予想は過去10年で最低の13億円、経常赤字は▲６億円と大変な業績悪化に見舞われた。人件費カットを含む経費削減に再度本格的に取り組んだ。社員のリストラはせずに早期解決を目指した。

また、生活が苦しい人にはカットをしないことにした。１名の申請が出たので受理した。

８月からの給与カットと12月の賞与も50％カットと酷いものになってしまった。

●生産設備増強と上場延期

２０１４年10月、ＫＮＣバイオリサーチセンター内に５０００Ｌ培養釜を整えたＧＭＰ工場が完成した。従来の２０００Ｌの培養工場ではＧＭＰ生産ができなかったが、これで医薬品原薬の生産が可能となった。

景気悪化に見舞われたが、計画通り受託生産強化の設備投資を続け、２０１２年から始まった大型投資の6設備（粉砕工場、晶析工場、ＣＮＴ工場、培養工場、ペプチド・核酸工場、植物抽出工場）は計画通り完成することができた。

景気悪化により、上場は1年延期にせざるを得なくなった。監査証明付き決算書を第32期と第33期とし、最短での上場を第34期とした。

●中国子会社の活動停止

大神医薬化工（太倉）有限公司は２０１４年12月まで活動を続けたが、残念ながら撤退となってしまった。我々も石油化学工業団地に進出していたが、中国の公害問題とか、化学工場の事故多発問題から、省令により医農薬中間体とか原薬の生産ができなくなってしまった。本社の業績も悪く、対策も立て辛く11年間の活動に終止符を打つことになってしまった。

行政にもお世話になり、40名近くの社員にも理解して頂き円満に解散ができた。約１４００坪の土地は大幅に値上がり（約5倍）していたので解散費用に使うことができ、助かった。社員が独立して、研究開発会社を設立したので、研究設備の一部を寄付した。中国の行政とか社員とは楽しく仕事ができたが、残念なことになってしまった。良い経験をさせて貰ったが、我々の実力不足を反省せざるを得ない。

●非常事態宣言の解除

２０１５年３月、構造改革の成果が出始めたので、２度目の非常事態宣言を解除し給与カット分の４７００万円を夏季賞与で社員に返済した。早く財務内容の良い会社に成長させて、給与のカットなどの対策を打たなくて良い会社にしたい。

●表彰制度の復活と執行役員制度

２０１５年12月、景気も回復したので7年ぶりに表彰制度を復活させた。売上高10億円を達成した機能材料事業部の第一部、第二部に加えて効率経営で成果を挙げた市川研究所が表彰され、それに加えて多数の社員が表彰され、久しぶりに華やいだ雰囲気となった。

また、執行役員制度が制定され、真岡宅哉、栗山康秀、釜坂公浩、閨　正博、松尾浩司が選任された。

●リーマンショックからの脱出宣言

２０１６年８月、リーマンショック脱出宣言を行った。第25期の前半は好調であり、後半から影響を受けた。第26期〜第32期の７年間は苦しい経営が続いた。第33期（２０１７年３月期、売上高47億６６００万円、経常利益７・４億円）リーマンショック前の第25期の販売額には到達できないが、経常利益では第25期並みの業績に追いついた。

しかし、販売面では第25期の後半から第33期まで大きな影響を受けたので、復旧に８・５年も掛かったことになる。その間に、受託研究と受託試作ビジネスから受託生産まで進める構造改革に取り組んできた。巨額の設備投資に加えて、ＩＳＯ体制、ＧＭＰ体制、製品生産体制、品質保証体制、品質管理体制を構築してきたが、これらが第31期位から少しずつ成果を出し始めた。受託研究から受託生産への移行がリーマンショックからの脱出の原動力になった。

第33期は銀行からの新規借入金はゼロとなり、創業以来初めての出来事で、約定返済８・15億円を返済した。資金繰りに大きな余裕が出始めた。

●上場準備と審査の開始

２０１７年７月よりＳＭＢＣ日興証券による本格的な指導が開始された。ＳＭＢＣ日興証券の審査が合格すれば東証への推薦がなされ、東証の審査に合格すれば上場が承認される。予定通り進めば最短で、２０１８年３月に上場ができる。

２０１７年８月、単位株を１００株とし、１株を２０００分割により２００万株に分割した。

●核酸製法特許出願

２０１７年12月、キャッピング法による液相法オリゴ核酸合成の特許出願をした。本法は高品質で高収率なオリゴ核酸が得られる特許ではあるが、日本に於ける核酸医薬の企業化は海外で先行されてしまったので乗り遅れた感がある。今後は巻き返したいものだ。

●マザーズ上場申請から上場まで

２０１７年11月、東京証券取引所のマザーズ市場に上場申請をした。東京証券取引所からは当社の規模から考えて、東証２部かジャスダック市場が良いのではないかとの提案があった。当社は発展をテーマにしている会社なので、マザーズへの上場をお願いし、認められた。２０１８年１月には上場時の価格調整（単位株での売買が５万円〜50万円に入るように）の為に、株式分割を３倍とし６００万株とした。発行株式数は７７２万２００株として、株式発行により、14日には約37億円の入金があった。

２０１８年３月15日、五穀豊穣の鐘を突く等の上場関連の儀式が東京証券取引所で開催された。初値は３６６５円が付いた。胡蝶蘭が40鉢以上、その他のお祝いの品が多数届けられ、本社は華やいだ雰囲気に包まれた。

マザーズ上場記念として、３月末に社員に特別賞与を支給した。３回目の賞与が支給されたので社員は喜んでくれた。リーマンショック時の賞与カットの償いもできた。

また、ＡＮＡクラウンプラザホテル神戸にお客様・納入業者様・ＩＰＯ関連業者様・金融機関様ら約１００名をお招きしてマザーズ上場記念パーティを盛大に開催した。お陰様で社長引退の花道はできた。

●第34期決算と無借金経営

第34期（２０１８年３月末）決算では売上高63億１２６８万円・経常利益12億８８５万円・当期純利益9億円と過去最高の業績を挙げることができた。販売目標54億円から、２度の上方修正を行い、３年連続の増収増益を達成した。

第33期に加えて第34期も新規借り入れはなく、約定返済9・8億を返済した。上場による資金調達により現預金は54億まで増加している。借入金が22・5億円なので、無借金経営が達成された。

創業以来初めての無借金経営となったが、引き続き大型投資があるので予断は許されない。

●社長交代と第34期定時株主総会

２０１８年６月の株主総会（第34期定時株主総会）に続く取締役会で、33年５カ月務めてきた社長の座を降りて会長になった。お蔭様でマザーズにも上場ができ、業績も増収増益で宮内社長に後を託すことになった。元気な内は働けと言ってきたが、私も76歳で元気なので、まだ働けるが、家内は40歳代の中頃よりリューマチを発症していた。

社長引退時には家内の症状は日ごとに悪化し、杖歩行となり一度倒れると自力で立ち上がれない状況となっていた。誰もいなければ生命の危機に直面する。ＩＰＯに向けて機関投資家を回って事業や財務の説明をするロードショーが待っている。社長の重要な仕事であり、乗り切らなければならない。病弱の家内を残して東京出張が１週間以上続く、さすがにこれ以上の社長続行は無理と悟った。

２０１８年６月には上場後初めての株主総会が開かれた。１号議案は１株配当を25円とした。２号議案は６名の取締役の再任（広瀬、宮内、先砥、笹本、田中、毛利）、２名の取締役の新任（真岡、栗山）が決まった。３号議案は補欠監査役（高橋）が選任された。

取締役会で広瀬克利が代表取締役会長、宮内仁志が代表取締役社長に選任された。

●出雲工場の増設

2019年3月、第2工場内に機能材料のキロラボ工場と研究棟の開設、第1工場内に医薬原薬精製棟が竣工した。

●本社移転（3）ポートアイランド本社、医薬研究所の移転

2019年12月、タキロンCIのポートアイランド研究所を購入し、神戸市から土地を購入して大幅な改造を実施した。医薬関連の研究所が集積するポートアイランドに本社と研究所を移転することができた。

5. 経営分析

試薬会社の純正化学とは創業当時から取引が始まった。第4期の決算書を持ってK専務取締役に面会に出向いた。専務は直ちに決算書を分析され、流動比率（支払い能力を示す）は素晴らしいですね。自己資本比率は十分ですね……当社の経営分析をされ、意見を述べられた。

お客様とは仕事の話とか合成技術の話が大半だが、経営分析の話をして頂き、K専務からはその後も色々と経営指南をして頂いた。経営者にとって経営分析は大切なツールであると分かり、独学で経営分析を学ぶことになった。

お陰様で、適正な経営の考え方、借入金の考え方、発展戦略、不況対策等々に大いに役立った。経営分析は会社の道標を示してくれる。管理職とか経営者を目指すならば、ある程度の経営分析能力が必要だ。化学とか技術以外の勉強はしたことがないので、新鮮で面白かった。

銀行、お客様、購入先は当社の決算書を入手され常にわが社を監視されている。我々も経営分析を学び、彼らに心配を掛けないような経営をする必要がある。また、同業他社や取引先の経営分析を行い、自社経営の参考にさせて頂いている。

経営思想編

「ビジネスを成功させる為に」

私の経営思想

昔は人生50年といわれていたが、医学の進歩と食と住の改善により男性の平均寿命は81年とされている。しかし、寿命も延びているので最近は人生１００年時代とされ始めている。

誕生後、人々は色々なことを学び経験を積み大きな力を獲得し、その力を用いて豊かな人生を構築しようとして社会に出る。社会は力試しの公平な場だ。この公平な場で色々なドラマが展開されている。

私は高村光太郎の〝僕の前に道はない、僕の後ろに道は出来る……〟の詩（道程）が好きで私の人生にも大きな影響を与えられてきた。

私も小学校5年生の時に「神は科学ではないか」という自我に目覚めた。両親とか家族の意に反し、家族と対峙しながら、学生時代とサラリーマン時代を過ごし、化学技術を学び、経験を積み実力を蓄えて化学会社に就職することができた。日本テルペン化学では思い切り働き、実力を発揮して会社に貢献してきたと思っている。しかし、会社の体制が変わり、営業と技術軽視の方針が出され、技術者にとっては厳しい状況に追い込まれ、やむを得ず退職を決意した。再度サラリーマンになる気もなく、仲間と起業を決意し１９８５年１月に神戸天然物化学を設立した。

勿論、新会社でも力の限り頑張り、働いてきた。設立の経緯から以前の勤務会社（退職時の社員数は１１０名）より立派な会社に成長させたい。大きな夢としては社員数１０００名以上の技術系の化学会社に発展させたいとの夢を見た。

学生時代に学んだ知識とサラリーマン時代に経験した営業、部下との仕事、開発、戦略立案等々の経験は新会社で存分に成果を出せたと思う。お蔭様で会社設立18年目（第19期）に前勤務会社を追い越すことができた。しかし、36年間も健康に恵まれ現役を続行できたが、残念ながら１０００名の技術系化学会社を作ることはできなかった。

また、いくら発展させても倒産すれば意味はない。充分な対策を持って臨むべきだろう。倒産はしない程度だが色々な苦難に遭遇した。また、未来に向かっての夢実現について大型投資も実施してきた。小さな会社だけれども、ひるむことなく色々な会社から仕事を貰ってきた。これらについて私の考えを述べたい。

1. 経営の心構え

会社を作ると、お得意様、納入業者様、家主様、社員、行政、銀行、大学等々沢山の人々との関わりが必要となり、適切な関係を構築しなければ会社運営は難しくなる。以前の勤務会社では元財閥の鈴木商店が大正8年に設立した中堅化学会社で信用力も大きな日本テルペン化学の社員としての活動ができた。ところが新設の社員3名の神戸天然物化学では信用力は全くないし、当然のこととして零細企業として扱われる。社会の見る目が変わった。それでも志は高く置き、堂々とした対応を心掛けた。

●遠慮なく活動

本来は繊細な性格の持ち主だが、不思議なことに仕事では遠慮なく外へ出向くことができた。我々は小さな会社だが、臆せずに対応してきた。相手の会社は数百人とか数千人、或いは数万人の会社にも出向く。我々の会社は零細企業だが、「人と人は平等だ」

の考えで活動した。「お前たちはたくましいな」と言いながら大半は親切に対応してくれた。創業当時の数件の出来事を紹介する。

①　資材購入のお願い

試薬調達について、よく知っている会社なので取引のお願いに出向いた。「強力なコネもあり取引はして貰える」と思っていた。バックグラウンドが変わると極端に態度を変える人もいる。取引はして貰えたが、取引条件は極端に厳しく、サービスも悪い。零細企業と付き合いたくない気持ちが感じられるので、我々も取引先を変更した。

我々の会社が成長すると社長が取引を求めてこられた。初めは断ったが、現在は取引を始めている。同じようなトラブルを数件経験したので、早期に信用力のある会社に発展させたいと誓った。

納入会社と購入会社は対等という考えを持っていたので、零細企業だから馬鹿にされることはないと思っていた。しかし、現実は厳しく零細企業の辛いところだ。2～3社の厳しい対応はあったが、大半は温かく迎えてくれた。

よく考えてみると信用力もない零細会社なので、取引条件を厳しくされるのもやむを得ない話だ。我々も早期に信用力をつける他はない。

当然のことではあるが、納入業者に支払いを遅らせたことは創業以来一度もない。その代わり社員への給与支払いが遅れた。

②　ベンチャー貸付資金1000万円の申込み

神戸市のベンチャー資金募集カタログを見つけて、簡単な資料を作りお願いに出向いた。担当者からは〝沢山の応募があるが貸し付けたことはないので、無理だと思ってくれ〟と言われてしまった。「神戸市はカタログを作って募集までしている案件を、担当者が審査もせずに、無理だと思ってくれはないでしょ。充分な審査をして欲しい」と要望した。不穏な空気も流れたので、これは無理だと思った。しかし、1週間後に採用通知が届き、1000万円の融資を受けられた。正論が認められ嬉しかった。

③　危険物製造所の申請

会社設立3年後に小さな工場建設を計画した。神戸市でも久しぶりの危険物製造所の申請なので、慎重に審査されていた。我々は早く許可を下ろして貰いたいと願っていた。

建設が遅れたら、お得意先に迷惑が掛かる。しかし、なかなか許可が下りない。早期のご審査をお願いしますとお願いした。

審査官は〝お前たちがしっかりした申請書を出さないから遅れている。私たちも早く仕事を終えたい〟と言われた。〝それはないでしょ、我々も法律に従って申請書を出している。貴方がたが内部の指導要領に基づき次々と小出しに色々な要請をされるので時間が掛かっている。指導要領を公開すれば、仕事は早まる〟と反論した。同伴者のKが後ろから、これ以上言うなと足を蹴る。その場は何とか収まった。不思議なことに製造許可は直ちに下りた。

議論を戦わすことも必要で、納得して頂ければ解決するケースも多い。零細企業にもかかわらず、公務員の方々から温かいご支援を何度も頂いた。

④　取引条件の改善

最近は、手形取引はなくなったが、当時は手形取引が全盛時代で、我々とお客様の取引条件は月末締、翌月末起算の90日から１２０日の手形で支払われる。

製造期間が2カ月とすると、注文を受けてから6カ月後から7カ月後にしか入金されない。資金力のない中小企業にとっては厳しい取引となる。取引が決まれば資金調達が必要になるし、製造期間が1年以上の取引もある。これでは発展すればするほど経営は苦しくなる。

そこで社長名で取引条件の改善（現金取引）を全ての得意先にお願いした。商社を除き、全てのお客様に一発で応じて頂けた。下請法にも助けられたのだろう。

心配もしていたが、見事にトラブルもなく問題は解決した。創業10年目頃の出来事で我々は大いに助かった。当社も納入業者には１２０日の手形を発行していたが、自主的に90日の手形に改善したので、納入会社からも喜ばれた。当時は手形取引の為、手形発行日は車が渋滞する。中小企業にとって、手形取引は苦しいものがある。銀行も全ての手形を割り引いてくれる訳ではない。信用力のない手形は割り引いてくれない。

お願いはしてみるもので、初めから諦めれば前には進めない。

⑤　当座貸し越し解約事件

3行の銀行と取引をしていた。メイン銀行とは7億円、他の2行とは各5億円の当座貸し越しの契約をしていた。メイン銀行から当座貸し越しの継続の為に２００４年9月の中間決算（第23期）の資料提出を求められた。当時は在庫調査も本決算時しかしていないので、試算表は外部に公開をしていなかった。

担当者からは赤字でも良いので提出を頼まれ、経理部は不完全な赤字の第23期中間の試算表を提出した。直ちに、当座貸し越しの契約は打ち切られた。当時4億円の当座貸し越しを借用していたが、返済の猶予は認めるとのことだ。赤字の原因は2億円強の商品の分析が遅れているので、入金が遅れているだけで我々は心配をしていなかった。その旨銀行にも連絡をしていた。しかし、酷いことになった。直ちに他行から4億円を調達して返済した。11月には黒字化したので、メイン銀行の当座貸し越し契約は復元した。

第23期の決算では5億5600万円の経常利益となったが、メイン銀行からお金を借りる気分ではなくなり、冷たい関係が続いた。2年後に審査部の担当者が転勤になったので、5億円を借りなさいと支店長から言われた。こちらから融資を頼んだ訳ではないが、メイン銀行との関係修復を行った。

長期借入金は契約以上の返済を求められることはないが、当座貸し越しは1年契約で、契約が継続できなければ全額返済が求められるので、怖い契約と知った。

⑥　請求書ミス

ある製薬会社から糖鎖合成の打診を受けた。３００万円位で如何でしょうかと返事をすると、お願いしますとの返事で仕事はスタートした。非常に合成が難しい化合物なので、神戸天然物化学では合成はできないだろうとお客様は思っていたようだが、予定通り合成ができたので驚かれた。

請求書を渡すと、やはりこれ位掛かりますかと言われた。請求書を確認すると３０００万円とゼロが１つ多いことに気が付き、営業所長から私に相談してきた。事務員が転記ミスをしたのだろう。直ぐに３００万円に訂正させた。

お客様の所長さんからこの値段で合成できるのならば、売れますよと提案されたが、我々には商品知識もなく売ることはできなかった。しかし、大きな信用を勝ち得た。

2. 能力開発と広い視野で考える

小学校5年生の時に自我の確立ができた。科学技術に関わる人生を歩みたいと考え、その方向に進んだ。父が始めた商売とか営業には全く興味がない。配達とか体を動かす仕事は嫌いではなかった。しかし、学生時代は営業、経理とか人事の仕事は絶対にしたくないと思っていた。

就職してから、当初は研究部で機嫌良く研究の仕事に携わり、成果も出していたが、研究部長は事故の責任を取られて退職された。2・5年後には生産部へ転勤となり、35名の部下が付いた。生産部の仕事を分析すると、

① 安全操業と効率的な操業→35名の部下と共に達成（指導力、技術力の重要性）
② 生産計画→受注状況調査→顧客訪問（営業の仕事）
③ 考課とか労務管理とか求人→人事の仕事

④ 在庫管理、原価管理→経理部の仕事→税務署の調査に立ち会い
⑤ 材料調達→資材部の仕事
⑥ 新商品の導入→研究部との連携

生産部の仕事を完ぺきに達成しようと思うと連携する部署のことを知る必要があるので、他部署のことも勉強することになる。特定の商品の需要調査で顧客訪問に出向いたり、税務署の調査に立ち会ったり、求人に出向いたりしていた。気が付けば営業とか人事、経理の仕事も学び、広い視野での仕事ができるようになっていた。

自分では気付かないが、全力投球で頑張れば、人間の能力は向上し、嫌な仕事も好きになる。人間の好き嫌いはいい加減なもので、好きになったり嫌いになったりする。どのような仕事でも全力投球で臨めば道は開けると共に私の能力も向上する。

全力投球→能力向上→嫌いな仕事も好きになる→仕事の幅が広がる

私はこの方式で嫌いな仕事を克服していった。また、幅広い仕事を熟せば管理職とし

て経営能力も高まり、出世もできる。私は沢山の仕事をしたいと思っていたが、出世願望は強くなかった。しかし、結果論として管理職として仕事を任された。社内では出世頭となっていた。サラリーマンでの仕事も、起業後の仕事も同じ仕事なので、まずはサラリーマンとしての仕事を頑張り、自分のスキルを高め、仕事ができる社員になることが大切だろう。実力が付けば出世もできるし、状況が悪化すれば転職も起業も可能性は高まる。

3. 人間行動を理屈で考える、自己変革

「神とは科学である」と思い始めてから、色々なことを理屈（理論的）で考えるようになった。友人の性格とか人間社会で起こる現象も理屈で考えるようになった。何も考えずに過ごしていた時期（小学校5年生まで）とは性格も変わってしまったのかも知れない。

子供の頃はよく喧嘩もしていた。気が短い方だが、徐々に喧嘩はしなくなった。それでも大学時代に友人から〝お前は気が短いので会社では通用しない〟と言われたことがある。しかし、社会に出てからは、勿論、議論を戦わせることはあるが、当然のこととして暴力的な喧嘩をしたことがない。色々な現象を理屈で考えれば相手の良いところも見えてくるので腹も立たなくなった。

社員数が増えてくると社会で起こる色々なトラブルも、会社で発生する。女性から男性上司のパワハラを訴えてくる。女性も負けていない、数名が結託して上司の罷免を求

めてくるケースもある。しかし、上司として成果を上げる為に指導をしているだけのケースも多い。

その場合は上司に「もう少しソフトに指導しなさい」と指摘する。また、部下の能力不足を指摘するケースも多い。その場合は能力の低い部下を叱責するだけではなく、能力のある上司が部下を育て、助ける義務があると諭すことにしていた。

ある上司から食事に誘われて困ると訴える女性部下がいたが、他の女性は素晴らしい上司だと言っているから難しいものだ。

独身女性でも彼氏がいる女性は、上司から誘われたくないと思うし、彼氏がいない女性は受け入れ易いのかも知れない（?）。上司と部下がコミュニケーションを深める為に食事をするのは悪いことではないが、嫌だと思う部下もいるので、上司は色々と配慮をする必要がある。

当社でも不倫が発覚して困ったことがあり、銀行の支店長に相談した。銀行でもよくある事例で、発覚すれば当事者（男性）を遠方に転勤させる。支店長も監督不行き届きで処罰される。

普段は彼らも発覚しないように気を付けているので発覚しないが、仲が悪くなると発覚する。監督不行き届きと言われて支店長も処罰される。不運と思わなければ仕方がないと、支店長は嘆いていた。

男女関係は好き嫌いとか本能に由来する出来事なので、誰にでもそのような感情は起こる。名前は忘却したが、90歳になる女性詩人がテレビで〝女性は90歳になっても恋はするものですよ〟と言っていたのが印象的だ。恋は生きる力にもなるし、大きな問題を引き起こすこともある。

この問題は男性だけが起こすものではない。女性も大変な問題を起こしたことがある。不倫は発覚しなければ第三者を傷つけたりはしないので、明らかに窃盗、脅迫、暴力等とは異なるが、発覚すると大変な問題に発展する。本能のままに行動すれば色々な人に迷惑を掛けるので、この問題は理性を働かせて対抗するしか方法はない。

幸い、当社では窃盗、脅迫、暴力等の問題は起こっていない。

●自分の評価と第三者の評価は異なる

学生時代は研究を仕事にしたいと思っていたので、研究以外の仕事には全く興味を持たなかった。

就職後、第三者（工場長）は生産部への転勤を打診してきた。私は製造の仕事はやりたくないので断ったが、人事異動は強行された。工場長は私が「部下の管理能力はある」と思ったのだろう。

また、常務取締役は私に営業能力があると思ったのだろう。入社10年後に営業部に転勤させられた。彼らは私が研究以外の能力もあると思っていたのだろう。

生産部とか営業部での仕事を完ぺきに実施している自分には驚いた。自分ではあまり自信はなかったが、やり遂げることができた。35名の部下の管理、生産計画と原価計算も必要となった。求人難の時代であり3年間は山陰地域の工業高校へ求人に出向いた。また、お客様から納入計画を聞きに訪問したりしていた。少しずつお客様と話せるようになっていった。気が付けば、嫌がっていた営業の仕事も問題なく熟している。

3人で神戸天然物化学を設立したが、営業、経理、人事は誰もしないので私が全て引き受けた。学生時代は絶対に嫌だと思っていた仕事をワードとかエクセルを使ってすいすいと仕事を熟している自分には驚く。

エクセルを使って人事の管理も簡単に効率的にできるように管理表を作った。賞与管理も簡単にできる。業績が良かったので３０００万円を社員に追加で配分しようと思えば、簡単にできる。また、試算表から各種経営分析ができるようにすると、人事も経理も面白くなってきた。営業も同じことで大きな仕事が取れたりすると楽しいもので、気が付けば一生懸命営業活動をしている自分がいた。

テレビ番組で「お笑い芸人とエリート銀行マンの対談」があり、芸人が〝私たちはお客様を笑わせたり楽しませたりするのが仕事で面白いけれども、貴方たちは他人のお金ばかり計算していて何が面白いのか〟と質問していた。銀行マンは言葉に窮していた。

面白い光景ではあるが、銀行マンの仕事も一生懸命取り組めば、面白くなると私は理解している。実際、銀行マンもその仕事を好きで実施して面白いと思っていると思う。

嫌いな仕事でも一生懸命取り組めば好きになり、その道で専門家にもなれると確信することができた。当社での人事異動には自信を持って対処することができた。人間は素晴らしい適応力を持っている。

●変身による進路変更

小学生時代に、勉強ができる子供と私のようにできない子供の相違が分からず、頭の大きさとか頭の性能について考えていた。私は小学校5年生の時の自我の目覚めにより、勉強をすべきとの考えから、嫌々ながら勉強に取り組み始めた。そうすると化学、生物、物理等の科目の成績も少しは上がり「興味を持ち始めて」勉強にも本格的に取り組むようになった。

小学校時代の同学年3人の秀才も「勉強に興味を持ち」、成績も上がり、益々勉強をしたのではないかと思う。或いは彼らも「勉強をすべき」という自我を強く持っていたのかも知れない。人間の脳にはさほど大きな相違はないが、勉強することによりその分野が強化されるのだろう。私の場合は化学と生物の分野が強化され、化学会社に就職し、神戸天然物化学を創業し、筑波大学で農学博士も取得し面白い人生が構築できた。

小学校時代の完全な落ちこぼれの子供が勉強を職業とするまでに変身できたのは、長い時間が掛かったが「私の自我」のお陰だろう。

人間である限り、頭脳自体の性能はさほど差はないと思う。家庭環境もあり高校時代までは落ちこぼれたが、長い時間を掛けて勉学の遅れを取り戻した。色々な現象を理屈で考えるようになったのも大きな出来事かも知れない。

体力は鍛えれば鍛えるほどに強くなる。知力も同じで、鍛えれば強くなる。学生時代には体力と知力を鍛えて社会の荒波に船出すべきだ。

勿論、社会に出てからも能力向上は大切なことだ。体力は鍛えれば体格も強くなり分かり易いが、勉強も必要であり、何とかして脳を鍛えて素晴らしい人生を構築すべきだろう。しかし、脳の強化は外観的には分からない。


もし父の望み通りの人生を歩んだと仮定すると、私は商業高校に進学し、父が創業した小売店を継ぎ、時代の流れに負けて倒産していただろう。私は自我の獲得により、最悪の道を避けることができたと思う。

人生を振り返ると、私にも色々な道が用意されていた。大学の指導教授からはアメリカのマサチューーセッツ工科大学（ＭＩＴ）か北大の博士課程への進学を勧められたが、こちらに進んでも全く異なる人生が待っていたと思われる。

また、サラリーマン時代にも大学への転職を打診されたこともある。叔父さんからボウリング場を開設するので支配人で来ないかとも誘われた。父も同席していたが、断った。

退職時にも敵対した取締役総務部長から取締役で残らないかとの提案を受けた。さらに私の人生にも沢山の道が用意されていたが、進めるのは1本の道だけだ。各々の道の終着駅がどのようなものかは分からないが、人間には適応力もあるので、それぞれに適応できるのだろう。

私の自我がなければ確実に父の跡を継ぎ、苦しい人生を歩んだと思う。子供には勉強をさせて人生の幅を広げるべきだ。

父はとんでもない教育をしたものだと最近は思っている。遠回りはしたが、父と戦い父の望む人生から脱出できた。しかし、私の損失は計り知れない位大きなマイナスを受けた。

私の友人のN君も材木商を営む父親から跡継ぎを強要されたが断り、研究者を目指し博士号も取得し大企業の技術者になった。彼も父親の路線を断り自分の人生を切り開いている。

人生とは自分で道を切り開くこともできるし、他人の考えに流される人もいるだろう。社会は楽しくもあり、恐ろしいところでもある。

基本的に「子供でも親に対抗する能力を持っている」というメカニズムが存在するの

は素晴らしいことだ。自我の形成は反抗期の一種かも知れないし、多様性を求める人類のメカニズムかも知れない。或いは人生を切り開く志のようなものかも知れない。

大変な道ではあったが私もこのメカニズムにより、勉強ができない子供から長い時間を掛けて変身し、学問の道を目指して化学分野で自分の人生を構築できたと思っている。

お陰様で、勉強ができない子供から勉強をする子供に変身ができた。

●自分の進路を探す

私の場合は小学校の時に研究者になりたいとの思いが確立した。一番弱い分野だが、少しずつ力を獲得してその方向に進み、その他の誘いを断ってきた。大学卒業後はなんの憂いもなく、化学の道に進むことができた。

学生にとって学問をすることと、どういう職業につきたいかの方針位は決めておきたい。できれば志望通りの道を進みたいものだ。学生にとって卒業後の自分の仕事を獲得するのは一大イベントだ。その仕事により人生がある程度決まってしまう。従って、どのような職業を求めるかを決めて、努力すべきだろう。

努力の結果、駄目でも、社会に出てからも修正が利くので深刻に考える必要もない。与えられた仕事を頑張ればその仕事を好きになれるケースもあるだろう。

学校では個人の進路については何一つ教えないので不安になるのだろう。教えなくても良いが、早い時期に自分で考える訓練をするのは必要だろう。方針が決まり、長い時間を掛けて頑張れば自分の仕事が見つかる可能性は大きくなる。大きな仕事である必要はないが、社会に役立ち、自分が納得できればそれが最高だ。

勉強ができたので、皆の勧めで理系に進み研究員になった人もいた。自分から望んだ職業ではないと知り、もっと適した仕事もあっただろうと反省して転職を希望する人もいた。

一般的には研究の仕事に本気で取り組めば益々楽しくなり、前に進める。しかし、迷いが生じる人は頭脳明晰で色々な方面に目が向くのだろう、副業とか他の仕事に興味を抱き就職してから迷う人もいる。

将来の選択は早い時期に、自分で考え見つけるべきだろう。それでも、定年後に好きな仕事を見つけた人もいるので素晴らしいことだ。

また、会社は研究員ばかりでは成立しないので他の分野への転出を求める。私も生産部、営業部への転出を命じられ、会社では研究員から外された。

昔は理系の大学が増設され、企業の研究所も増設され、沢山の研究職が増えた時期があった。しかし、最近は理系の大学の増設も少なく、企業の研究職も縮小気味となっている。

研究開発は今後共、人類に大きな恩恵を与えるだろう。人工知能、バイオ産業、宇宙産業、原子力産業、再生エネルギー等々の新規分野の開発は今後も発展すると思われる。

●人生は足し算で進むべき

私は研究部で２・５年働き、生産部へ転勤となった。生産部の時も化学の勉強は続けた。８年後には営業部への転勤となった。私は研究部、生産部、営業部での仕事に一生懸命に取り組んだ。従って、研究、生産、営業の広い範囲での思考ができる。お陰様で幅広い知識で仕事ができた。

管理職になれば幅広い知識が要求される。サラリーマン時代は（18年間）大半が管理職（課長）として会社をけん引した。新会社設立後は社長として幅広い知識が求められた。私にとって前勤務会社で幅広い経験をさせて頂いたのは有難いことである。ところが、我が社でも転勤させると新しい仕事に対しては一生懸命取り組むが、前職のことは忘れてしまう人も結構沢山おられる。勿体ない話だ。

経験を足し算として積み上げるにはどうすれば良いか。営業部の時は色々なテーマが来るが、研究ならどう対応するか、生産ならどのように生産するか等を考えるようにしていた。そうすると研究能力も生産能力も保持されるし、お客様に対して色々な提案もできるので営業的にも信頼される。

私の長女は経営学部の卒業で司法書士の会社にも勤めていたが、知識は全て職場に返してきたと言ってはばからない。私は理系の出身で、経営分析は独学で勉強した。しかし、彼女より私の方がこの分野でもよく知っている。親としては長い間、授業料も払ってきたのに、不甲斐ない話だ。勿論、必要な時が来れば再生してくれるものと淡い期待をしている。

●親子の意思疎通

親子間では意思疎通がされ連携されるのが普通だ。日本社会ではそれにより代々家業が子供に継続されてきた。最近は個人主義がいわれているが、それでも自分は第15代目の当主だと言ったりしている。何人もの友人が家業を引き継いでいる。

父は私が事業を継続してくれるのを望んでいたが、それを知ったのは中学3年生の時だ、その時は研究者になることを私は望んでいたが、父に私の考えを喋ることは無かった。勿論、父も私の希望を聞くことは無い。私さえOKを出せば良いのだが、父とのコミュニケーションは上手くいってなかった。父は一方的に喋るが、私の考えを聞いてくれたことは一度もない。親が何を考えているかも話さないし、子供が何を考えているかを知ろうともしないので、いきなり意見がぶつかり合う。激しく衝突をすることになる。2人とも争うことを好まないので、これほど激しく反対されるとは思っていなかった。何度も父と衝突を繰り返し、勘当されそうにもなった。

私は父に反対されても自分の意思を通す努力をした。当然、父の援助はないので自分で何とかする他はない。その結果を父に見せ付け、納得させてきた。その為には数年の時間と大変な努力が必要だったが、それが成功してきた。申し訳ないが徐々に私の方が強くなった。

●父を喜ばせたこと

父とは衝突を繰り返したが、非常に喜んでくれたことが三度ある。一度目は中学時代の成績だ。勉強ができないと思い込んでいた息子の予想外の成績を見て、非常に喜んでくれた。でも、息子の成績を自慢して回る父の行動には閉口した。そんなに嬉しいのなら、私が勉強をできる環境を作ってくれればと思うが、それはしない。成績は勝手に上がるものと思っている。勉強などはできなくても社会に出れば困らないと本気で思っている人なので、子供の成績を喜ぶが、子供の教育方針を変えることはなかった。

二度目は大学などへ行かなくても良いと言っていたのに、関西学院大学理学部の入学式に両親を連れていった時も非常に喜んでくれた。父と母は尋常小学校（小学校4年生まで）しか出ていないので、自分の子供が大学に進学するとは思ってもいなかったに違いない。

当時は大学まで進学できるのは10人に1人とされていた。当時の新聞の記事をいまだに覚えている。しかも両親には全く理解できない理学部を選んだことも異次元なことだったのだろう。

子供が修士課程まで進んだのを見届け、跡取りは諦めた。しかし、筑波大学で博士号を取得したことを知れば仰天するだろう。でも、父の作った会社を継がないのには落胆していた。親子の生きざまが異なるので壮絶な戦いとなった。普段から親子のコミュニケーションがないし、両者共に個性は強いので、いきなり戦いとなる。小学校５年生以後は私が勝つことが多くなったが、実績が証明（私が正しいことを）するので、父は喜ぶ他はないのだろう。しかし、親のプライドもあるので、俺が間違っていたとか、悪かったとの言葉を聞いたことはない。

三度目は会社設立について義理の弟と共に大変な猛反対をした。父は自分では二度も会社を設立している。また、自分の兄弟たちの創業には大いに応援をしているので、私の会社設立にも賛成して貰えると思っていた。当時、父の事業は大成功していた。しかし、父は勘当をちらつかせて反対した。理由は分からないが、義理の弟の手前反対したのかも知れないし、事業の内容が分からないので反対したのか分からないが、理由を聞いたこともない。父には二度と世話にならないと心に誓った。

しかし、私の事業は順調に発展し、３年目には売上高１億６４００万円、経常利益３０００万円。社員数８名と増加し、父の会社を追い越した。あれほど反対したのに、節操もなく嬉しそうにやってくる。普通の感覚ではのこのこと来られないと思うが、何の躊躇もなくやってくる。よほど嬉しかったのだろう。

不思議なことに三度とも親の反対を押し切り、親と対立し、苦労して実績を上げて成功した。親は理解できて喜んでくれた。父とは何度も対立してきたがこれが親子なのかも知れない。しかし、考え方が異なるので戦いはまだまだ繰り返された。

母親は早くに亡くなったので私のサラリーマン時代しか知らない。父親は新会社が軌道に乗った頃まで知り、喜んで貰えた。父は二回開業したが家族を含めても10人未満の零細企業だ。息子がマザーズ市場（現在はグロース市場）への上場も果たし、博士号も取得し、３００名もの研究開発会社を作ったことを知れば両親は仰天するだろう。

父はウォーキングが好きで、引退後は遠くまで散歩に出歩いていた。携帯電話のない時代である。会社の写真入りのテレホンカードを渡していたが、嬉しそうに大切に持っていた。

4. ビジネスの育て方

付加価値を生む仕事を見つけることにより、企業は生まれるし、その付加価値を継続できれば企業は継続もできる。しかし、企業の発展は継続と異なり、次々と新会社を設立する位の大きなエネルギーが必要となる。

●起業、継続と発展

適切な付加価値を生む仕事を見つけることにより、起業は成功する。しかし、中小企業の60％以上は所得税を払っていない。明らかに付加価値不足に陥っている。全ての経営者が利益を出したいと思いながら、達成できない現実がある。

付加価値を稼ぐには大変な労力が必要で収支トントンになれば安心してしまう経営者も多いだろう。

それでは継続と発展はどのように異なるのか？　事業の継続は起業時の付加価値が保

付加価値と会社経営

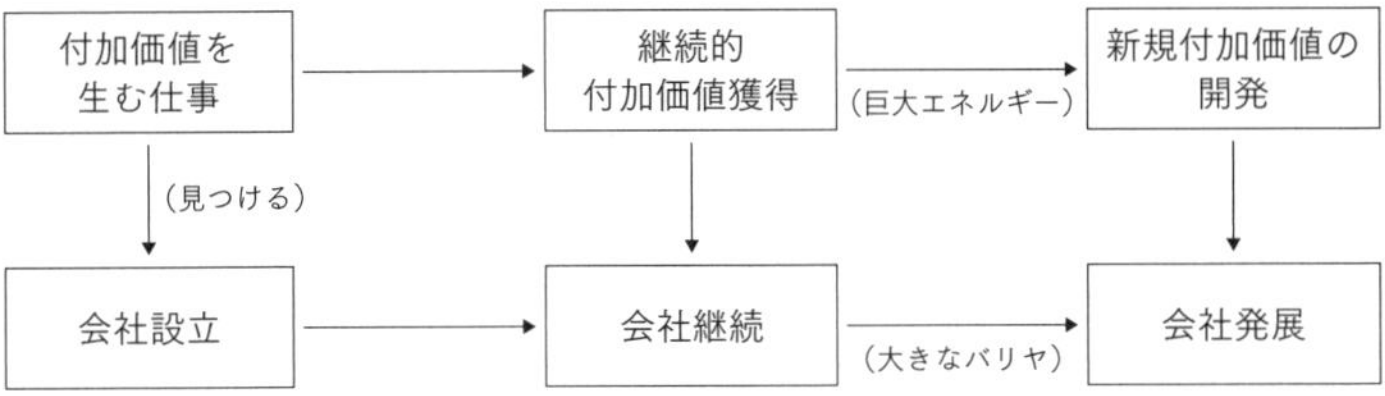

持できれば、継続できる。発展をさせる為には新規付加価値の開発が必要となり、その為の大きな投資も必要になる。単にお金を出せば良い訳ではない。従来事業を拡大する為にも新しい企画を提案し、社員にも納得して貰い、リスクを取りながら必要な投資をして事業を拡大する必要がある。

継続と発展には大きな相違がある。発展には大きな事業改革が必要となり、大きなバリヤが存在する。

神戸天然物化学も研究開発業務で付加価値を生み起業に成功した。当社設立の動機は「会社を発展させたい」で、会社目標第3項にも明記している。会社設立後も沢山の新規ビジネスに挑戦し研究所とか工場を建設して付加価値を増大させてきた。

そこにはいばらの道もあり、実力とか先見性がある企画は付加価値を生み成功するし、そうでない分野は失敗する。

簡単に付加価値を生み出す企画がある訳ではないので、難しいものだ。色々な事業をしてきたが付加価値を生み出せずに撤退した分野も沢山生じた。

アメリカとか中国への進出では十分な付加価値を生むことができず、会社体力の収益問題もあり、撤退となってしまった。国内ビジネスでも医薬ビジネス、バイオビジネス、ペプチド・核酸ビジネスも当初は赤字で長らく苦しんだ。長い赤字期間を乗り越え、少しずつ付加価値が生まれるようになり、ビジネスは継続され発展している。

会社継続も容易なことではない。半分以上の会社が利益を出すことができないので、所得税を払っていない現実がある。

以前にも述べたように、企業でビジネスを育てている幹部社員は多くの経験を積んでいるので、彼らの独立は成功し易いと思われる。そのような創業者を沢山見てきた。

私も前勤務会社で沢山の仕事をし、沢山の付加価値を生む仕事をしてきた。ビジネス領域は以前と全く異なるが、同じ化学業界なので発想は同じで比較的早く半年程度で研究ビジネスを定着させることができ、その後も会社体力に応じた発展にも成功した。

適切な付加価値を生む仕事にありつけば会社設立もできるし、継続的な付加価値の獲得により会社は維持できる。しかし、発展させる為には新規付加価値の獲得が必要であり大きな事業改革も必要となる。発展は新たな付加価値の開発であり、新しい会社を次々と生み出す位のエネルギーが必要となる。

●先行投資は赤字覚悟

会社の発展は容易なことでは達成できない。我々のような研究開発会社では5年後、10年後の仕事を予想して先行投資をする。特に医薬関係の仕事は長期戦を覚悟しなければならないし、その間は部門赤字になる。従って、先行投資は会社の経営状況を見ながら、全体的に赤字にならない範囲での投資になる。会社発展は沢山の会社を起業するのと同じと思えてならない。

5. 会社の発展戦略と成長計画

42歳の時に、経営路線の相違から退職を決断した。私の路線が正しいと証明する為には、前勤務会社より素晴らしい会社を作ることだ。

43歳での創業であり、時間は有限である。神様も20年（63歳）は健康で働かせてくれるかも知れない。20年以内に前勤務会社を追い越したいものだ。それではどうすれば良いのか？

大企業に勤める同級生のN君に相談すると、企業の成長は年率７％が最も安定して良いと言う。

年率７％ならば20年後に４倍にしか成長しない。20年後に12名（３名×４）程度の規模で細々と仕事をしていても目的は達成できない。何万人もの社員がいる会社では、これで良いが我々には当てはまらない。

色々と計算をすると年率30％成長が達成できれば20年後に１９０倍に成長できる。毎

成長計画

初年度を1とした倍率

	10年後	20年後	30年後
7%成長の場合	2.0	3.9	7.6
10%成長の場合	2.6	6.7	17.4
15%成長の場合	4.0	16.4	66.2
20%成長の場合	6.2	38.3	237.4
30%成長の場合	13.8	190.0	2620.0

年30%の成長は無理にしても20年後には１１０名程度の会社には成長できるだろうと考えた。

もし、30年も働くことができれば１０００人規模の大企業に成長できるかも知れない。

会社設立時に、新会社の経営方針として「私達の目標」４項目を設定した（後日５項目に変更した。Ｐ３７１）。会社目標の第３項に発展を掲げている。創業時からどうすれば発展ができるか?を考え、計画を立案し実施してきた。

零細企業とか中小企業では計画を立案しない会社もあり、成り行き任せの経営をする会社も多い。友人が経営する化学商社でも計画は立てたことがないと言っていた。友人が取締役営業部長をしていた会社では年次計画を立案し、公表したが計画通り進まず、非難を受けて年次計画は潰れたと言っていた。

私たちは年次計画では販売計画と行動計画を毎年立案してき

た。販売計画は景気とかお客様の動向に左右されるので、計画通り進まないが、行動計画はほぼ予定通り毎年実施してきた。その結果、研究開発会社からスタートし、技術力を高め、資金を稼ぎ、設備を拡充し、生産分野等へビジネス分野を徐々に拡大していった。

当初は年率30％の成長を目指したが、10年目までは30％を超える成長率を達成できたが、以後20年目までは30％を若干下回った。しかし、ほぼ当初の計画通り（Ｐ３７０、当社の年間成長率）成長できた。その結果、計画通り前勤務会社を追い越すことができた。しかし、その後はリーマンショックの大型不況もあり、10年近く業績は低迷してしまった。１０００人規模の化学会社を作るのは夢となってしまった。色々と手を尽くしているが、それでも規模拡大は年々難しくなってきた。

●長期戦略で戦う

１年や2年で解決できない大きな問題と対峙する場合は時間を味方につけ、10年とか20年単位での思考が必要である。

「時間は大きな力を与えてくれる。社長とか会社には等しく時間は配分されるので、その時間内でできる限り沢山の仕事をするべきだ」

父の経営していた広瀬屋は3年で追い越すことができた。前勤務会社は18年で追い越すことができた。会社設立時は20年以内に何とか追いつきたいと思っていたが、本心は夢の夢でしかなかった。当時は不可能とも思っていたので、仲間に打ち明けることもなかったが、時間が可能としてくれた。

残念ながら社員１０００人の技術系化学会社を作る夢は時間切れと、リーマンショックで達成できなかった。

全てが達成できる訳ではないが、夢を現実にしてくれるのは長期にわたる粘り強い計画立案と実行だろう。

●付加価値を増やし発展させる

発展を考えなければ確立したビジネスを守るだけで良いが、守備だけではいずれ衰退する。発展を考えるならば「どうすれば売上高を増やし、付加価値を増加させることができるか」を常に考え、実行しなければならない。

創業当時こそ30％以上の発展を達成することができたが、同じ発想では徐々に成長率は減少してくる。また成長率は社会現象に大きく影響を受ける。安定的に企業を発展させるのは難しいものである。

バブル崩壊の影響は第7期位から受け始め、第11期位まで続いた。リーマンショックは第25期の後半から第34期位まで長く大きな影響を受けた（Ｐ３７０、成長の推移参照）。頑張っても成果の出ない時期が続いた。焦らずに長期戦略に基づき対応するしか方法はない。

発展の為には技術開発とか設備投資だけでは解決しない。人材の教育も大切となる。技術者に見積もりをさせると、直接経費だけで計算したり、間接経費を安く評価したりするので赤字になってしまう。ＧＭＰによる治験薬の開発の見積もりの場合は、沢山の分析項目が入るし、沢山のチェック項目と膨大な書類提出も要求されるので、間接費は大変な額になる。しかし、値引き要請も入るので、経験の少ない真面目な技術者では対応できなくなる。

我々も勉強をしながら、適正な要求ができるように、我々の能力を向上させて対応するしか方法はない。新規分野の開発には技術開発、設備投資、人材開発が必要であり、新会社設立程度の労力と投資が必要である。

発展させようと思わなければ比較的楽な経営ができるが、発展させようと思えば大変な労力と投資も必要となる。毎年適切な利益を出しているが、個人的には発展に圧し潰され、裕福感を味わえず、貧乏生活を続けてきた。

●発展の方向（1）受託生産への道

資金不足から実験台1台での受託研究とかサンプル合成からのスタートになったが、少しずつ受託開発とか受託生産への道を目指した。

試薬、機能材料分野、農薬開発分野等は有機合成化学技術で対応できるので、受託研究分野から受託開発分野へ、さらに受託生産分野へと業容を拡大していった。

研究段階から試作とか生産段階に進むには研究段階と異なる本格的な製造設備が必要になり簡単には参入できないが、創業者にとってはこの分野は得意分野（生産分野の経験者）だ。資金的な工面ができれば参入はできる。

受託研究（サンプル作り）→受託開発→受託生産

我々の専門分野は有機合成化学であり、人類が長い時間（１８００年〜）をかけて見つけてきた技術である。この技術は幅広い分野で社会に浸透し、試薬、化成品、機能性材料、半導体、火薬、プラスチック、ペンキ、繊維、香料、化粧品、農薬、医薬等々我々の生活に関わり、我々の快適な生活に貢献している。

当初は試薬などのサンプル合成を受託していたが、徐々に機能性材料（色素、液晶材料、記憶媒体、ホトレジスト、有機ＥＬ材料）が増加し始めた。我々の仕事は最先端の研究分野から仕事が出てくる。産業が安定している分野からは仕事が出ない。

良い材料が見つかると試作段階に入り1kg単位での試作が求められる。その段階に入ると本格的な品質管理が求められ、本格的な工場建設も求められる。試作が成功すると10kg〜50kg単位での本生産が求められる。これらの要請に応える為に創業3年目（１９８８年）に岩岡工場、１９９３年に市川研究所、２００３年に神戸工場、２００９年に出雲第二工場を開設して対応した。同時に品質管理体制も強化した。

受託研究から受託生産への道は巨額の投資を必要とする大変な道ではある

が、お客様の要望も強く、受託研究から受託生産までを当社のビジネスとして取り込むことができ、当社の大きな発展戦略となった。その為には大変な資金調達とか、法律対応とか品質管理体制とか大変な仕事が増えた。発展はできたものの沢山の工場建設により資金不足は酷いことになった。それでも、受託生産分野まで進めることができ、大きな発展ができた。

最先端の研究分野に新薬開発分野があり、沢山サンプル合成の依頼が来る。機能材料分野も医薬分野も、同じ有機合成化学技術で対応できるが、機能材料分野と異なり医薬品の開発には15年から20年の年月が掛かる。成功率も低く設備は専属設備になるし、受託開発に進む為には困難なＧＭＰ規制（医薬品の製造・品質管理基準）もクリアしなければならないので大きなバリヤが存在する。

医薬材料分野では動物実験用のサンプル供給には、我々でも対応できたが開発段階へ進むと人体への薬剤投与となり治験段階に入る。許認可の大きなバリヤが立ちはだかる。治験段階での薬剤供給は専用設備、社員教育、ＧＭＰ体制の確立等々が必要であり、簡単には参入できない。

我々も２００４年に出雲第一工場を建設し、医薬中間体の製造を始めた。２００５年第一工場内にキロラボ工場を建設して、治験用のサンプル作りを学んだ。2013年に出雲第一工場内に医薬品原薬精製棟・粉砕工場を建設し、ジェネリック医薬品の製造を始め、実績を積むことにより、本格的な医薬品の受託生産が可能となった。受託研究を始めてから、受託生産を本格化するまでに約25年の歳月が流れた。

●発展の方向（2）受託分野の拡大

我々は必要とする材料を有機合成化学の技術を用いて合成し、機能材料分野と医薬分野（低分子医薬品）で仕事をしている。しかし、生物は遺伝子から沢山の物質を効率的に合成し生命活動をしている。我々人間も遺伝子から約2万種類もの物質を合成して生命活動を行っている。

21世紀はバイオの時代とされている。我々も有機合成化学だけでなくバイオでの物作りの分野（高分子医薬品）に参入したい。バイオは有機合成化学と全く異なる技術（培養、遺伝子組換、合成生物学）が必要となる。技術者も新たに採用が必要となるし、教育もしなければならない。

また核酸とかペプチドの合成技術は有機合成化学の範疇に入るが、専門性が高くこの分野への参入も大変なことである。核酸とかペプチドから医薬品（中分子医薬）を作る研究も活発で沢山の治験段階の研究がなされている。

私も本来はペプチドの研究室出身であり、この分野への進出には興味があった。これらの研究は神戸研究所、市川研究所、バイオリサーチセンターで細々と進めていたが、２００５年にバイオリサーチセンター開設と同時にバイオ事業部（発酵分野）を立ち上げ研究設備から５０００ＬまでのＧＭＰ対応発酵設備（２０１４年）を建設した。また、核酸とペプチド分野（中分子医薬）は医薬事業部に移行しＧＭＰ対応のペプチド・核酸原薬工場棟（医薬第一工場内に２０１５年開設）で新規分野への進出を果たした。

バイオ受託研究　↓　受託開発　↓　受託生産
核酸・ペプチド受託研究↘

機能材料分野と医薬分野に加えてバイオ分野とペプチド・核酸分野に新規参入ができた。初めは受託研究からスタートし、それぞれの受託生産分野まで発展させたので、沢山の仕事に取り組むことができ、当社の発展戦略として大きな力を発揮した。発展には成功したが、会社は投資の拡大により貧乏生活を強いられることになる。

有機合成化学技術↓発酵・バイオ技術↓ペプチド・核酸合成技術

●研究・分析会社の進路

1970年代に化学会社とか繊維会社の研究部門とか分析部門を独立させて、外部からも仕事を取り込み「○○研究センター」「××分析センター」等の独立会社が沢山生まれた。

最高の人材と設備と豊富な資金を持ち独立された。分析センター等は社会の要請もあり規模は大きく発展しているが、巨額の利益を上げている会社は少ないように思う。

見積もりの仕組みが、受託テーマに対して「人件費＋経費＋利益」で見積もられるので、労賃仕事になる。必要経費は貰えるが、大儲けはでき難い。レベルの低い成果の場合は値切られるし、対価を貰えないこともある。逆に素晴らしい成果が出ても対価の上乗せはない。研究所からの発注の場合は、成果について彼らも評価できるので、良くやったと褒めて貰えるし、特許に名前を載せて貰えることもある。お客様の研究員は特許に対する報酬も貰っているが、当社の研究員への報酬はない。資材部発注の場合は素晴らしい成果を出しても褒めても貰えない。

独創的な仕事をしているのに見積もりシステムは単純労働者と同じで、研究成果が利益に反映されないシステムになっている。それどころか研究が終われば我々は失業し、次の仕事を探す必要が出てくる。

素晴らしい研究成果が出れば、お客様も商品開発のステージに進むので、我々にも声が掛かる。開発ステージとか生産ステージに入ると巨額の投資とか従来の研究員とは異なる人材が要求される。しかし、ここには大きな需要があるし、参入することにより我々の仕事も継続される。巨額の投資と大きなリスクがバリヤとして立ちはだかるが、この分野は創業者たちの専門分野でもあり我々の発展戦略として立ち向かうことになった。

大企業から生まれた研究・分析会社は本来業務の範囲で仕事をされ、技術開発と市場開発の方向に進んでおられる。

受託研究会社として誕生しても、企業には様々な進路があり、研究・分析のみを活動の場にされる会社、特定の分野のみ受託生産まで乗り出す会社がある。我々のように4

分野（機能材料、低分子医薬、高分子医薬、中分子医薬）の受託研究に乗り出し、全ての受託生産まで乗り出すのは珍しいかも知れない。

従来型の医薬品（低分子医薬品）から、最近は抗体等の（高分子医薬品、バイオ）開発が盛んとなり、さらに核酸・ペプチド（中分子医薬品、核酸医薬等）の開発が盛んとなってきた。我々も次世代の受託を受けられるように技術を先取りし準備をしてきた。高分子医薬品分野（バイオ）と中分子医薬品分野は長い赤字期間を経て、面白い時代になってきた。

お陰様で発展戦略に基づき大きな職場を確保できた。

●開発スピードと分業

上場時に東京証券取引所や証券会社、投資会社から当社の競争相手について何度も聞かれた。一部ではビジネスが重なる会社はあるが、全面的に重なる競争相手はないと答えてきた。その度に「競争相手がないのですか」と怪訝な顔をされる。我々も特定の枠を決めて仕事をするのではなく、お客様の要望に従って仕事の枠を広げてきた。むしろ、お客様が自社で生産するよりも当社に委託した方が、メリットが大きいと思って頂けるかどうかにある。そういう意味で我々の競争相手はお客様かも知れない。

新商品の開発はスピードが重要で他社が先行してしまうと、巨額の投資は意味がなくなるので、お客様は我々のような会社も活用して開発スピードを上げたいと願っている。顧客は企画と基礎的な研究と販売は手放さないが、基礎研究の一部（大学とか研究所が受け持つ）、開発研究、原薬の生産等々は外部に委託して開発力とか生産力を高めスピードアップを求めている。

産業が進むに従って分業化が進み、沢山の産業が生まれる。自動車産業とか電器産業では分業化が非常に進んでいるが、製薬業界でも今後は分業化がさらに進むだろう。また、我々のような開発支援とか受託生産会社は産業の進展に従い、益々必要になると考えている。

6. 発展を促進するもの

発展させるには付加価値を増加させる戦略とその実行が必要と指摘してきた。それでは戦略は何処から生まれるのだろうか？

●時間とは何か

過去に学んだ知識とか経験に基づき、過去の現在の時に戦略を立てて、素晴らしい未来を構築しようと計画をする。

そしてこれらの計画は現在しか実行はできない。時間は等しく配分されるので、素晴らしい計画を沢山立案し、実行する他はない。計画が実行される現在こそ頑張らねばならないことになる。

過去（知識、経験）　→　現在　→　未来

（過去の現在に計画立案）　（実行）　（発展）

時は川のように流れてゆく、決して後戻りはできない。実行はその時々の刹那に存在する現在しか実行できない。計画は過去の知識とか経験に基づき、素晴らしい未来の構築の為に、過去の現在に立案されたものだ。我々は素晴らしい未来を予想して計画を立てて、実行する。未来の現在が来れば実感ができる。

計画立案は誰でもできると思いがちであるが、意外と難しい。過去の知識とか経験に基づき1年後（年次計画）、3年後（中期計画）の実行可能な望むべき姿を立案しなければならないからである。

過去の延長線上に現在があり、過去の出来事を経験している。現在の延長線上に未来が来るので、過去の経験から未来を予想はできる。過去、現在、未来は一連のものであるが我々は自由に過去とか未来には行けない。寿命が続く限り未来の一部には到達できる。

勿論、計画立案はしなくとも、その時々に判断・実行すれば未来は必ず来る。しかし、この方法だと長期戦略は採用され難く、場当たり的経営になるので大きな発展は望み難い。やはり、過去の経験と知識に基づき、未来に繋がる素晴らしい計画を沢山立てて、沢山の仕事をすることにより会社は大きく発展できるのだろう。

私も神戸天然物化学株式会社を設立した時に、20年以内に前勤務会社より立派な会社に発展させたいと目標を決めた。その結果、第19期に目標は達成できた。毎年毎年良質な計画を立案し、可能な限り実行してきた。時間を味方に付けて18年もの長きにわたり努力を重ねてきた結果、大きな発展ができた。

「発展の原動力は良質な計画と実行」にあると考える。決して場当たり的対応では大きな発展はできないと思う。

残念ながら、「時間の存在」と、「親族や仲が良かった友人の死亡」などは、なかなか私の知識では理解できても納得できない面も多い。「初恋とか異性との問題も理解できない面がある」。概念として分かっているようで分からない。人間の知能では理解できない大自然の営みがあるのだろう。

7. 発展を阻むものとそこからの脱出

新しいことを始めようと思い社員に相談すると、社員の大半は無関心か反対する。沢山の新しい事業を始めてきたが、「社長、やりましょう」とはならない。私は常に発展のことを考えているが、社員は会社経営よりも与えられた仕事に必死で取り組んでいる。

大多数の社員は現状保持型であり、現状で満足している（安住の地で満足）。現在の安住の地を捨てて未開の場所へ進むのは嫌なことだ。社員の側で考えると、社員が無関心とか反対するのは当たり前と思うようになった。

３人で始めた会社が３００人まで発展し待遇も改善されたことに誰も反対はしないが、大きな投資をしてリスクを負い５００人の会社に発展させなくても良いのではないかと考えている。会社には現状保持型の社員が沢山いる。

私は長い人生に於いて企業の栄枯盛衰を観察してきた。現状保持型の会社は10年とか20年の単位で観察すると徐々に規模を縮小したり、解散したりしている。そこで働く社員の待遇も徐々に低下する。現状保持型では社会の発展から取り残されてしまう。

最近の日本経済を見ていると、世界から取り残され、徐々に衰退している姿が浮き彫りになってきた。現状に満足し、現状保持型の社員が増えてきたのが原因かも知れない。

経営者としては企業を発展させる義務もあるし、衰退させてはいけないと思う。知恵の限りを尽くして努力すべきで、それができないならば経営者の道を目指すべきではない。

全ての社員が保守的という訳でもない。プロジェクトにより保守的になったり進歩的になったりするし、保守的な考え方が必要な時もある。新しいプロジェクトが理解できなければ社員は不安になり、消極的になるのは当然のことだろう。

消極的な人を集めてプロジェクトを組んでも成功はしない。新規の仕事を始める場合は、その仕事に前向きな人を探して先発隊を組みスタートすれば良い。ビジネスの見通しが付けば、皆が積極的に参加するようになる。

●安住の地（箱）からの脱出

私は50年以上、この業界で色々な会社を観察してきた。30年前に5名程度の会社は今も5名程度で経営されているし、１００名程度の会社は今も１００名程度で推移している。全ての経営者が発展を望んでいるにもかかわらず、何故会社は大きくなれないのか？個々の経営者は立派な人が多い。それにもかかわらず発展しないのは何故か？

一般的な製造会社では５つの箱が用意されており、その箱の中での活動は安住できる安らぎの地で、その箱の中の考え方で活動しているので大きくなれないのではないかと、私は思っている。皆で（経営者も社員も）発展を止めているメカニズムがあるように思えてならない。

零細企業　10名程度

零細企業はあまり儲からないかも知れないが、特定のお客様が仕事を持ってきてくれる。下請け或いは孫請けとして、指示通り働いていれば飯は食えるので、それなりに居心地は良い。彼等にとってはこの地が安住の地となっている。自分たちで仕事を取りに行かなくても、仕事を持ってきてくれる。

中小企業　30名程度

中小企業になると、自分たちで営業活動をしているケースが多い。体制が整えば特定のお客様から仕事を貰えるので、それなりに居心地は良い。しかし、零細企業から中小企業に発展させようと思うと、営業部門の構築とか、仕事に対する責任感も重くなるので、お客様との軋轢も生じる場合があり、大きなバリヤが立ちはだかる。零細企業から中小企業への発展は大きなバリヤを越えなければならない。

中堅企業　２００名程度

ニッチでの特定の分野で技術を磨き、商品群を揃えて活動する会社が多い。新規参入者は少なく、安定した業績を確保できるので居心地は良い。中小企業から中堅企業に発展させようと思えば、そこには先発会社が陣取っているので新規参入は難しいものとなる。この分野のマーケットはさほど大きくはないので、大企業からの参入もなく安定的な経営ができる。

大企業　１０００名以上

大きなマーケットで技術力とか営業力を駆使して活動し、勝ち続ける実力ある企業が陣取っている。中堅企業がこの分野に進出するには、大変な競争力がなければ潰されるので、進出はしない。

巨大企業　５０００名以上

特定のインフラを独占し、沢山の子会社群を持ち儲かる仕組みを構築して活動している会社。この部門への新規参入は難しいものがある。

企業の規模とかイメージは独断で記載したもので、検証する必要がある。しかし、会社には５つ位の箱があり、我々は箱の中の考えで活動していると思えてならない。最近のＩＴやＡＩ企業は分からないが、従来型の製造会社や商社、問屋の場合は箱を次々と乗り換えるのは難しいしリスクも高い。箱の中の安住の地で活動しているので、発展ができないのではないか。会社を発展させるには箱を飛び出す勇気を持つか、新たな箱を作るかが求められる。

日本の教育は画一的で記憶力が強く求められるが、海外では独創性、自主性、積極性、独自力等が求められる。日本教育では突破力が弱いため箱の中に閉じ籠ってしまうので発展できないと、感じている。

当社の場合は零細企業（３名で創業）の安住の地を確保するには半年程度で達成できた。しかし、機能材料分野の受託研究分野でスタートし、中小企業（32名）に進むのに８年の歳月が掛かった。研究体制、分析体制、営業体制、設備投資等々の整備が必要だった。

次は研究分野を広め（医薬、バイオ、ペプチド・核酸）受託生産まで領域を広げて、中堅企業を目指した。巨額の設備投資と体制確立に創業以来25年（２００名）の歳月が掛かったことになる。我々は巨額の投資と長い時間を掛けて、自前の中小企業とか中堅企業の箱を作った。１０００名の大企業を目指したが、私も健康にも恵まれて33年間社長、３年間会長として頑張ったものの、残念ながら時間切れとなった。同じ箱の中で気楽に経営をする方が楽で良い。次の箱に乗り移ろうと思えば、社員の反対にも遭うし、お得意先との問題も発生することもある。我々は将来ビジネスを想定しお客様と協調しながら受託生産の道へ進み、中堅企業の箱を自ら作った。新しい箱の構築には、多額の投資と将来ビジネス構想の戦略が必要である。

そこには何となく一生懸命頑張るだけでは決して乗り越えられない壁がある。乗り越える為の適正な戦略を考え、社員と力を合わせて長い時間を掛けて頑張り、達成されるものだろう。

全ての経営者は『大きく発展させたい』『もっと儲けたい』との二大願望を持っているが、それを実現できないでいる。そこには大きなバリヤが存在する。発想を拡大し、適切な戦略を考え挑戦し、大きなバリヤを乗り越える他はない。同じ発想で頑張っても、池の中でぐるぐる回っているだけになる。

●零細企業からの脱出

創業の早い時期に化学会社、試薬会社、化学問屋、香料会社から安定的に仕事を貰えるようになった。我々は半年程度で零細企業の箱を獲得でき、小さいながらも安住の地を得ることができた。当時は、特定の試薬会社から30％程度の注文を頂いていた。先方の要請もあり少額ではあるが株式も持って頂き、決算書も渡していた。双方がWin－Winの良い関係が築かれた。

ところが先方の営業本部長が当社の決算書を見て、儲け過ぎと指摘し、全ての見積りを半値にしろと強要してきた。我々メーカーは大変な設備投資も必要であり、試薬会社のように転売だけの業種と同じ利益率では会社を運営できない。要求を受け入れれば我々の経営が成立しないので徹底抗戦をすることになった。会社設立後６年目の出来事である。１年後には取引がゼロになり、年商１・６億円の仕事が消えてしまった。当時としては大変な痛手ではあるが、何とか売上高を減らすことなく乗り切れた。

これを機会に東京と神戸に営業部を開設し、大企業との直販体制を確立した。自社営業体制もでき、情報量も格段に増加した。営業部の構築により、失ったものもあるが、大きな壁を乗り越えることができ、零細企業から中小企業へと脱出できたと思っている。

第８期には売上高が５・１億円、社員数32名。経常利益は２８００万円と利益面では減少したが、中小企業の仲間入りができた。

社内でも経営陣を含めて大半の社員が、顧客の営業本部長との関係修復を願っていた。当時の私は営業担当も兼務していたので自社営業部体制の構築に進むことができた。

もし、関係修復に進んでいたら、その試薬会社より大きな会社に発展はできなかったし、当社の営業部の設立はかなり遅れていただろう。上場への道も閉ざされていたかも知れない。お陰様でこの事件により零細企業から中小企業への脱出ができた。

●中小企業からの脱出

日本では技術は「ただ」との考え方があり、職人とかスポーツ選手の世界では、言葉は悪いが「技術は盗むもの」とされている。従って、技術開発にお金を払う習慣がない。勿論、大企業では技術の大切さを理解しているので、我々も大企業との取引が中心となっている。しかし、その技術で商品化できるか分からない研究の初期段階では、お客様もなるだけ安価に仕上げようとするので、日本では受託研究はそんなに利益が出る領域ではない。

また、代金を頂いて実行する仕事なので、素晴らしい成果が出ても権利は全てお客様に属する。しかし、受託試作とか受託生産になると商業化の見通しも立つので、受託研究よりも良いビジネスとなるし、仕事の継続性もあり、取引額も格段に大きくなる。しかし、この分野への参入には大変な設備投資、人材投資、品質管理とか品質保証体制が必要となる。大変なリスクと責任を背負い込むことになるが、成功すれば新たな付加価値が得られ、一つ上の新たな箱が構築できる。

大きなリスクと責任体制を受け入れることにより、我々は一つ上の箱への移行を目指した。研究会社からスタートし、受託試作とか受託生産に乗り出すことにより新しい箱を作り、中堅企業まで進むことができた。第25期には売上高約50億円、社員数２０９名、経常利益６・９億円となり中堅企業の仲間入りができた。新しい箱は我々自身で構築したので、業界との軋轢はなかった。

お客様のご要望に従い中堅企業の箱が構築できたことは有難いことだ。製造会社への発展には時間が掛かるもので、創業以来24年の時間が掛かってしまった。この延長線上に独創性を加えれば大企業まで進めると考えているが、その為にはさらに新しい発想と大きな努力が必要だろう。しかし、新体制の構築は我々の発想だけでは構築できない。第26期からはリーマンショックに見舞われ、発展はストップした。中堅企業の箱を守るのに大変なことになった。社会変動の大きな波に10年近くも翻ろうされ、発展どころではなくなった。会社経営には思わぬ出来事が次々と発生するものだ。

●サラリーマンの起業で思うこと

「神戸天然物化学の経営に於いて〝最も困ったことは何ですか〃」とよく聞かれる。私は普通のサラリーマンが脱サラをして起業した１人だが、創業当時は本当に厳しい現実があった。

行政は労働者には手厚いが、経営者になると厳しいことになる。政府はたくさんのベンチャー企業が開設されることを願っている。私もサラリーマンを退職して神戸天然物化学を開設してきた。皆様の温かいご支援に支えられて何とか経営を続けてきた。行政からのベンチャー資金の貸し付けとか、各種補助金に助けられたのも事実だ。

脱サラによる独立は資金力のないサラリーマンが全財産を投げ出して行う事業なので、簡単なことではない。行政からのビジネスへの支援はあるが、経営者への支援は何もないのは自覚しておくべきだろう。

退職時には自己都合退職なので退職金は６割に減らされ、３００万円強だったが全額を資本金に注ぎ込んだ。会社も仕事の見通しが立たない状況に於いて資金だけが減っていく。会社維持の為に、給与は最低限に決めたので会社も苦しいが、個人の生活も本当に苦しい。自宅を売りに出したが不景気で売れなかった。少し例を挙げたい。

①　雇用保険の件

１９８５年12月末での自己都合退職となった。退職金は60％支給で３００万円強と減額になった。１９８５年1月22日に神戸天然物化学を設立し、社長となった。社長なので退職金の３００万円を全額株式の購入にあてた。創業社長として、ある程度の株式を持たなければ主導権は取れない。私の友人は会社を設立し上場にも成功したが、利益が出るようになると、大株主の意向で売却されてしまった。気の毒なことだ。会社を守る為に、我々の給与は最低限の給与とした。私の新給与は24万円（サラリーマン時代の約1／3強）と決めたが、その額も支給できるかどうかは分からない（１９８５年の12月末までは出たり出なかったりとなった）。

サラリーマンの転職者には失業保険も出るが、社長になると一切の保険は下りない。転職者と同じように長い間保険金を積み立ててきたが没収されてしまう。転職者よりも起業家の方が金銭的に遥かに苦しい立場に追い込まれるが、政府の対応は起業家には厳しい。せめて、起業家にも転職者と同じ扱いにして貰えないものかと思う。

② サラリーマンの起業は苦しい

創業時に給与は1／3に減額したのに税金は去年の収入に対して掛けられる。税金が払えないので事情を話して、新しい給与に対する税金にして貰えないかと兵庫県加古川市役所にお願いしたが、断固拒否された。どん底の生活をしているが、社長と名が付けば役所の対応は厳しい。住宅ローンに加えて、重度障害児との生活でどん底の生活を味わった。

③

中退金制度（中小企業基盤整備機構）
経営者仲間の推薦により、中退金制度に1985年5月に加入した。当時は会社役員も社員も入れたが数年後には役員は入れませんとのことになった。とにかく役員とか社長には支援をする気がないのだろう。個人会員なら入れるとのことで、よく分からないままに個人会員に切り替え、毎月の支払いも神戸天然物化学でなく広瀬克利の個人口座からの支払いに切り替えた。現社長の宮内仁志も同じ個人会員に切り替えた。これが退職時に難しい問題を引き起こした。
その後、当社の社員を役員に昇格させると、中退金への加入は認められないとのことで脱会させられた。その時にも広瀬と宮内はどうすれば良いか問い合わせた。貴男がたは既得権があるのでそのまま続けて下さいとのことだった。

私も２０２１年の６月に取締役会長も引退したので中退金の解約をお願いした。１枚の明細書が送られ１０４０万円の税金が掛かっているようだ。中小企業基盤整備機構（中小機構）の相談室に電話をすると相談員が出られて、丁寧に質問に答えられたが理解ができない。何となく私が納めた積立金が退職金扱いにされ、神戸天然物化学から頂いた退職金と合算され、高額税金が掛けられているようだ。必要なら計算書類を担当部署から送ることもできるとのことで、後日手紙でお願いした。計算書類が送られてきたが、予想通りだった。

その後、何故、私の積立金が退職金とされ、高額の税金が掛かるのか書面で質問をすると、中小機構の相談室の男性職員からお電話があり、①　ご不満があれば税理士さんとご相談下さい、②　税金が高いのは貴方の勤務会社からの退職金が多いから（少ないと問題はない？）③　小規模企業共済掛金の所得控除も受けているので、良いではないか、④　早く解約手続きをしていれば税金は広瀬の退職金と合算されないので２５０万円で済んだ（長く放置しておいたのが悪い？）等のご返事があった。私の質問には答えておられないので再度質問をしたが、気の毒にと思われているようではあれ、法律通りの処理をしているとのことで、これ以上の議論は無駄と思えた。

私の個人積立金を幽霊退職金（私の雇用主の神戸天然物化学株式会社からの支払いではない）とされた。誰からも本件の退職金を貰ってないのに税金だけ取られている。私の積立金を私に退職金として支払ったことになっている（誰もこんなバカなことはしない）。

抗議をしても応じて貰えない。不満ではあるが税金は払うことにした。

私は36年間、社長と会長（３年間）として必死で働いてきた。銀行からの借入金（数億円〜数十億円）の個人保証にも応じ、背水の陣で仕事をしてきた。私の退職金1億円が高いとも思っていない。お蔭様で３名の会社を３００名近くの研究開発会社まで発展させ、上場も果たせた。自己資本も１００億円程度まで増やしたし、沢山の税金も払い社会にも会社にも貢献できたと思っている。

中小機構は中小企業を育てる組織と認識しているが、会社を発展させて叱られているような気分になった。私の個人積立金が何故退職金になるのか、いまだに納得ができない。色々な法律があるようで難しいものだ。

18年間雇用保険もかけてきたが、経営者になると苦しい生活をしていても一切の権利がなくなる。中小機構でも中小企業への色々な支援をされているし、その社員には中退金制度等で守っている。会社が発展すると、何故か経営者は退出させられる。どうして退出を求められるのだろうか？　恐らく、経営者は金持ちで守る必要はないという論理だろう。大企業の経営者は高給で採用されているし、上場企業の経営者は会社借入金の連帯保証人になる必要はない。しかし、一般的に中小企業の経営者の給与は安く、会社の借入金の連帯保証人にされ、大きな責任を負わされて経営している。

行政もベンチャー起業の支援を重視するなら、ビジネス支援と同時に中小企業を支える創業経営者支援も（労働者と同じ程度でも良い）少しは考えて貰いたいものだ。脱サラによる創業社長は転職労働者よりも、遥かに苦しい生活を過ごしている。

起業して嬉しかったことは何ですかと聞かれる。勿論、我々の戦略が当たり、売上高が増加し利益が増えれば一番嬉しい。また、兵庫県から高額納税表彰を受けたり、神戸市から高額納税のお礼状が届いた時は、一枚の紙切れだけだが嬉しいものだ。

8．古参社員の反乱

会社上場時に幹部社員の不足から、大企業の役員経験者を採用して経営の一部を支援して貰っていた。２０２１年に取締役会長も引退できのんきに過ごしていたら、２０２３年2月頃から幹部社員の訪問が増えてきた。私が次の取締役候補として執行役員に指名した人たちだ。第38期は業績も良く売上高も増収増益を達成できそうなので上方修正をした。好業績は彼ら（取締役候補）の働きも大きい。

大企業から来られた一部の人は、大企業の経営手法を当社に導入してきた。私の指導不足が原因と思うが、１万人の会社の経営方針と３００名弱の会社の経営方針は当然異なる。

１万人の大企業の経営方針を当社に導入されても困る。都合の良い多数決で、誰も責任を取らないし、リスクのある仕事は全て拒否される。収益の少ない研究開発仕事は中止され始めている。受託生産の方向に進んでいる。技術力に支えられた受託生産ならば意義があるが、単なる加工会社になってしまえば当社の将来は見込めないと感じる。当社は如何にして付加価値を増やすかについて経営を進めてきた（付加価値経営）。ところが、彼らの経営手法は多数決と一律的な社員管理の強化をしてきた。彼らの経営手法は理論武装され、理路整然としているので、事務屋さんが権力を得るには最適の手法かも知れない。60歳定年の名目に従い、貢献度の大きな管理職社員（当社の宝）を惜しげもなく契約社員に降格させている。馬鹿としか言いようがない。会社目標の変更まで目論んでいるとの情報が伝わってくる。会社貢献度の少ない事務系社員が大きな権力を振り回している。

私は将来の取締役を育てるべく２０１６年に執行役員制度を作り5名を任命し、その後2名は取締役に昇進させた。貢献度の大きな（当社の宝）古参社員が定年制度の名のもとに契約社員に格下げされ、部下なしとされている。古参社員は会社方針なので契約社員を受け入れてはいるが、このままではＫＮＣの将来はないと訴えてくる。また、彼らの部下は人事政策について大変怒っている。バイオとか核酸関係の研究員は引く手数多の状況で、彼らは就職に困らない。このままの状態では優秀な研究員が退職してしまう。

私も社長引退後は家内の介護に追われていたが、家内も亡くなり時間的な余裕が出てきたので、隠居生活を楽しもうと思っていた。そのような時に沢山の古参社員の訪問を受け、会社の将来性について困ったことだと、皆が訴える。社長引退後5年近くなるが、引退後は全てを任せてあまり口出しをしないと決めていた。

ところが、長年掛かり付加価値経営を進めてきたが、大企業の経営手法が取り込まれ、会社目標まで無断で変更されそうで、隠居生活を楽しむどころではなくなった。幸い、今なら大企業流の経営に対抗できる人材は残っている。時が経てば彼らは放出されてしまい、改革は不可能になる。改革は今しかないと判断し、緩やかな改革に着手した。

●組織と経営

お役所は税金という安定的な収入がある。従って、一般的には税金を使って住民サービスをするのが仕事であり、多数決で物事を決めるし、リスクのある仕事はやらない。また、年功序列制度とか定年制度とか色々な制度を作り管理社会を形成している。

大企業も、過去の努力により安定的な収入の道が確立されているので、役所と同じような状況かも知れない。ただ、大きな社会変動には対応しなければならないので、役所よりは厳しい。労働組合と経営陣が対峙する中で経営が進められてきたので、そこには理路整然とした経営手法がある。経営の分からない事務方は彼らの論法にかぶれ易いし、彼らにとって都合が良い。

　彼らも人件費削減と経費削減の大義名分の下に活動をしている。会社の為に働いている。しかし、技術を評価できない人たちなので、一律的な60歳定年を押し付ける。人材豊富な大企業なら許されるかも知れないが、人材不足の当社に於いて貴重な我が社の戦力を投げ捨てるのは防がなくてはならない。サラリーマン時代に経験したことと同じことが当社でも起こっている。私が最も忌み嫌ったことだ。

　企業は常に付加価値を増やす方向に進むべきだし、付加価値を増やすのに年齢は関係がない。政府は65歳定年制を推奨しているし、当社でもその方向に進んでいた。その為には多少の融通も必要だ。また、多数決ではリスクのある仕事はできないが、社長権限で多少のリスクは引き受けるべきだ（利益の範囲内で）。幸い、最近は社長権限の強化により付加価値経営に戻りつつある。

9. 倒産リスクへの対応

苦労して創業し発展させても倒産させれば経営者も社員も不幸なことになる。化学会社の経営は湯水のごとくお金が必要な業界である。開設時には１２００万円の資金を集めて創業したが、３カ月後には貯金通帳は50万円程度まで減ってしまった。資金ショートは倒産に直結する。また、化学会社は危険薬品とか可燃性の溶剤も沢山扱う。事故には最大限の注意を払う必要もある。

また、開設当時は仕事にあり付けるかどうかも分からない。とにかく仕事を集めなければ倒産する。さらに、受託研究の業務は我々としても初めての経験で仕事ができなければ倒産する。創業初期には沢山の倒産危機が付きまとった。

３名が死に物狂いで働き、創業当時の倒産の危機は乗り越えることができた。次は発展と倒産リスクを如何に回避しながら経営を進めるかが大きなテーマとなる。発展させる為には大型設備投資は免れない。幸い、我々は設備投資の十分なノウハウを持っている。

大型投資をしても上手く進まないリスクもあるし、巨額の返済をどのように処理するかも問題となる。

社会変動による不況の大きな影響を受けるケースも大きい。我々の周辺には沢山のリスクが渦巻いている。これらのリスクを回避しながら経営を進めるのが経営者の役目となる。倒産回避は経営者の重要な仕事だ。

●化学会社の事故

化学は嘘をつかない。危険な物質でも安全に取り扱えば事故は起こらない。事故には必ず原因がある。小さな事故でも原因を追究して、次回からはその方法を避ける。また、当社は研究開発会社なので、ありとあらゆる化学反応を実施している。危険な物質も危険な反応も扱うが、物質の性質を知り、安全な処方を確立すれば、安全に作業ができるし、有害な反応物も無害化できる。不安定そうな物質の場合は示差熱分析により熱安定性を調査することにしている。

また、新規反応の場合はベテラン社員が安全性を検討してからの実施となる。会社で安全の手引きを作成して新人教育に使ったりしている。毎月安全会議を開催して安全作業の確保に力を入れている。普段からの地道な安全活動が大切だ。

私は積極的なタイプではあるが、安全については非常に慎重である。お陰でサラリーマン時代の8年間の製造課長時代も担当部署で事故は起こしていないし、神戸天然物化学時代の35年間も研究室での火災による火傷とか転倒による事故は経験したが、36年間に於いて生命に関わるような事故の経験はない。会社での事故は何としても防ぎたいものだ。

もし、会社で大きな事故を起こせば、会社創業の意味もなくなる。同時に、社長としての責任を果たせなかったことになる。事故防止には全力で取り組んできた。

●リースから自社物件（銀行借入）へ

会社は黒字経営であるが、大型の設備投資を毎年実施しているのでお金がない。旧本社と岩岡工場は賃貸物件であるが、第5期から第15期までの10年間はリースによる購入を多用した。投資額の半分がリース契約となり、第15期のリース支払額も7800万円

／Yと増加した。

リース物件は担保にもならないし、不景気になり設備投資を減らしても返済は続く。不況対策として第15期からリースでの購入を中止し、その後は自社物件として購入することにした。

その頃から銀行調達が可能となってきた。借入金は増えるが、償却もできて担保も増える。新たな設備投資をしなければ、銀行からの調達の必要もなくなるので、不況時の調整ができる。

現在は金利も安く、悪くとも返済額程度は再融資をして貰えるので銀行借り入れの方が経営の効率化の為にも良いし、若干の倒産防止にも役立っている。

自社物件である子会社の大地化成の売却では第27期の黒字化に貢献できたし、中国子会社の売却では土地の値上がりでスムーズな撤退ができ大いに助かった。

●安全余裕率、経費削減とヤジロベー効果

安全余裕率は経営指針として創業当時から重要視してきた。通常は10％～20％で推移しているが、第3期、第12期、第19期、第20期は30％を超えている。原因は売上高が大幅に増加したとか利益率の高い商品に恵まれたりした年だ。これらの年は売上高が30％減少しても黒字を確保できる素晴らしい経営状態だ。一方で安全余裕率が10％以下になると苦しい経営が続く。第8期、第9期、第14期、第15期、第17期、第22期に加えて、第25期に発生したリーマンショックにより第26期から第31期までは苦しい経営を強いられた。

まず経営の安定が倒産防止の為には最も大切なことであり、我々も安全余裕率で20％以上が確保できるような経営を常に求めてきた。この経営が保持できれば、売上高が20％減少しても何とか黒字を確保できるし、通常時には10％程度の経常利益も確保できる。

裕福な資金繰りでの対応も重要なことであるが、発展を重視する経営では難しいことだ。最近は上場もできたので売上高の3カ月の資金（現金）を目安に管理している。裕福な資金繰りは一過性のものであり、長期的には利益が出る体制の構築が必要だ。

リーマンショックが発生した第25期は安全余裕率22・4％を確保していたが第26期の売上高は29・0％も低下した。このままでは大きな赤字になると予想されるので、徹底的な経費削減活動により約5億円の経費削減を実施した。この経費削減活動により第26

期は何とか1億円の経常利益を捻出して不況を乗り切れた。

第27期の売上高は第25期と比べて、さらに悪く35・2%も低下した。経費削減活動は続行したが、これ以上の人件費の削減は社員に申し訳ないので、諦めて創業以来初めて経常赤字▲８０００万円を計上した。幸い、子会社売却（自社物件）が成立したので、純利益は収支トントン（若干の黒字）を確保できた。

また、設備投資の減少により、資金繰りに大きな余裕（設備投資－償却＝－2・82億円）が出た。固定資産は子会社売却もあり4・75億円圧縮された。また、売上高の低下により在庫の減少もあり、流動資産も3・19億円減少したので、多額の借入金返済が可能（第27期は10・4億円を返済）となった。

自己資本比率も第27期は50%を超えた。創業以来、自己資本比率50%を目標としてきたが、達成できなかったのに、不況により総資本が減少したので自己資本比率50%が達成できたのは皮肉なことである。第27期の業績は悪化したが、資金繰りは十分な経営ができた。不況になると色々な対策を打つので経営の復元力が現れ、ヤジロベー効果がでるものだ。

平時は余裕ある経営→不況時は設備投資、経費の抑制→赤字でも資金に余裕倒産防止で大切なことは普段から良好な経営状態を保つこと（安全余裕率を確保しておく）、経費削減、資産売却と設備投資の抑制が大きな力になった。

また、賃金カットも大きな不況対策になった。利益が確保できた時は社員に賃金カット分は返済し相互信頼関係を構築しておくのも大切なことだ。

●パートナーとしての銀行

創業当時（１９８５年）の銀行は全盛時代で、定期預金の金利が７％もしていた時代であり、お金を集めて企業に貸し付ける本来の業務で稼いでいた。ＰＣ化も各行により大変な差がある時代だった。自動振り込みもできない銀行が沢山あり、指定日までに銀行に出向いて毎月振込処理を依頼していた。色々な業務を人海戦術で行っており、銀行では沢山の独身女性が働いていた。大変な活気のある時代だった。

当社担当の行員さんに決算書を渡して借入金の申込みをしたことがある。決算書を見ながら、〝ここに沢山の別途積立金があるのでこれを使えば如何ですか〟と真顔で返答してきた。別途積立金の意味も分からないし、決算書も解読できない行員さんと話す気もなくなった。当時は手作業の時代であり、レベルの低い行員さんも沢山いた。

お金が関与する取引は銀行を介在して実施されるので銀行との取引は非常に重要である。

社員の給与振り込み、手形と小切手帳の購入、手形割引依頼、手形の現金化、購入代金の振込、社宅費用の振り込み、約定返済等々の沢山の業務がある。当社と銀行の連絡ボックスも設けられており、色々な書類が入れられている。

銀行とはたくさんの業務があるので週に1度～2度程度は銀行に出向いていた。賞与日には行員さんが定期預金の募集に出向いてきたりしていた。銀行との取引は全て契約で進行する。契約が履行できなくなれば怖いことになるので慎重に契約を結ぶことになる。

会社経営は「弥次郎兵衛」人形のような復元力がある。不景気になると、売上高は減少するが、原料の購入金額も減り在庫も減るので流動資産は減る。また設備投資も減らすので、設備投資＜減価償却となり、資金に余裕が出る。従って、景気が悪い時には借金返済が進むので、銀行も安心するようだ。お蔭様で、創業以来我々の方から契約違反を起こしたことはない。しかし、逆に固定金利で借金をしていたが、固定金利を上げられたことがある。時期は忘れたが大きな社会問題となった。銀行も苦しい時期を生き延びてきたのだろう。

銀行との取引がスムーズに進む為に我々も十分な対応ができたと思っている。今から考えると、当時は活気ある楽しい時代だったように思う。最近のように合理化とか効率化が叫ばれ、銀行業務はＡＴＭに移行され、さらにＮＥＴバンキングに移行している。全部客が銀行業務の事務をすることになり、80歳を超える私には辛いものがある。何となく味気ない世相になってきた。

32年前に支店長から銀行株を買って欲しいとの要請があり１０００株を家内の名義で購入（１９９０年７月購入、約１５０万円）した。会社と数名の社員も購入していた。この頃から金利も下がり始め、銀行の経営も厳しくなり合併とか再編成が進み、銀行は冬の時代を迎えることになった。31年後に家内が亡くなったので株式を売却したが、約18万円まで値下がりしていた。銀行は約30年間もの発展しない冬の時代を生きてきたことになる。

お陰様でこの減速社会に於いて当社は３名から３０１名（第38期期首）まで社員数を増やすことができた。発展を旗印に頑張ってきた結果だろう。私も引退できたので代々引き継ぐ経営者に任す他はない。是非成果を出して次の人にバトンを繋いで欲しい。

●ビジネスモデルの拡大と設備投資対策

受託研究分野で創業したが、受託開発、受託生産分野まで業容を拡大した。その後受託研究分野も機能材料分野から医薬分野（低分子医薬）、バイオ分野（高分子医薬）からペプチド・核酸分野（中分子医薬）へ拡大し、これらの研究分野についても受託開発から受託生産まで業容を拡大した。

化学会社の設備投資は巨額の投資が必要であり、設備投資はしたいが、過剰投資をすれば会社が持たない。ぎりぎりの投資を進めてきたように思う。従って35年間経営を進めて、ある程度の利益も確保してきたので帳簿上の利益はあるが、会社には大きな借金があるので常に倒産の危機を感じながら経営を進めた。

発展を望めば、資金面で厳しい経営が求められる。今後の発展は少しずつ減少するのもやむなしと考える。発展速度も倒産リスクになり得る。

受託産業では注文が来てから工場を建設しても間に合わない。お客様が必要な時に供給できる体制を構築しておく必要がある。前もってマルチパーパスのプラントを建設し、開発テーマが入るのを待つ。

設備投資としては約10億円～20億円単位で必要となり、この種の設備を使って何度も試作を繰り返し、品質調査とか性能調査が行われて商品化に進む。医薬品の場合は人への投与が始まる治験薬の生産が行われてからも医薬品としての許可が下りるまでには長い年月が掛かる。

長期的には従来医薬品分野（低分子医薬）、バイオ分野（高分子医薬）とペプチドと核酸分野（中分子医薬）を当社の中核ビジネスに育てたいと考えているが、それには先行投資がまだまだ必要である。医薬業界では大型設備投資をしても、直ぐには稼働しない。治験薬の生産では稼働率も低く償却は難しい。治験薬は安全性とか薬効調査用に使われる薬剤で、順調に進んでも本格稼働には3年とか7年の歳月が必要になるし、途中で開発が中止になることもある。

医薬品の受託生産まで進むには大きなリスクが立ちはだかる。

例えば第30期から第33期までの4年間で考察すると、年間2・6億円の純利益が出ている。運転資金（流動資産）は年間4・1億円増えているのでこれだけで年間1・5億円（4・1－2・6＝1・5億円）の資金不足となる、また、同時期の年間償却額は7・9億円で設備投資額は11・3億円となっているので、設備投資だけで年間3・4億円（11・3－7・9）の資金不足が発生する。多額の償却も実施して利益も出ているが、合計すると年間4・9億円の資金不足になってしまった。不足分は毎年借入金で調達するしか方法はない。

大雑把に考えれば、（純利益＋償却）は利益の塊のようなもので、この時期は年間10・5億円（計算上の利益）が確保されているので5年間で返済するとして50億円程度までの借入金ならば、甘く見て返済可能と考える。

もし、会社が発展しなければ流動資産の増加もしないし、設備投資も大幅に減額できる。発展の為に使用した資金は将来回収できるので借入金が増えても大丈夫と考えるが、不況対策は常に考えておく必要はある。


40億円の借入金の場合、金利が1％の場合の年間金利は4000万円となり、年間純利益が2・6億円の場合は赤字になることはない。しかし、創業当時のように金利が8％まで上昇すれば金利は3・2億円まで増加するので赤字になる可能性は大きい。

金利が急速に上昇するとも思えないが、借入金は少ないに越したことはない。

これは企業の考え方であるが、貸すかどうかは銀行が決める。我々も経営状況を十分に検討して借り入れを申し込むが、銀行はさらに厳しく査定してくる。金額が大きければばシンジケートローンでの貸付を要求してくるし、貸付にはコベナンツ条項の条件も付けられ激しいものとなるが、銀行業務から考えて当然のことだろう。

銀行からお金を貸して貰えなくなっても、耐えられる手法は常に考えておく必要がある。発展をストップして設備投資もストップすれば、流動資産と固定資産が減るので、数年は持ち堪えることができる。

●会計監査と減損処理

一般的な製造会社の場合、需要が旺盛となってから設備投資を実施するので、設備が完成すれば直ぐに稼働し、償却もしながら黒字を確保できる。しかし、当社のような受託研究開発会社の場合は、工場がなければどうにもならないので先行投資で工場を建設する。

この工場を使ってお客様は開発を進める。しかし、医薬品の場合は前臨床テストの後に治験薬を使った長期にわたる臨床テストが始まる。我々の仕事は治験薬を供給した後に原薬の供給を目指すが、治験薬段階（研究用の商品で量も少ない）では稼働率も悪く利益を出し難い。

上場すると監査法人は2年連続で部門赤字が出ると「利益を出せない設備は価値がない」と判断され設備全体の減損処理を求めてくる。赤字部門は一般的な赤字に加えて、「設備投資全額の一括減損処理（巨額）」を求められるので、困ったことになる。上場する前の税務会計ではこの種の減損処理を求められることもなく問題はなかった。我々も新規部門に進出する場合は10年程度の赤字は覚悟して進出しているが、2年間の部門赤字は許さないと言われ設備の一括減損処理を求められると困ってしまう。

このような税体系では巨大な設備投資を伴う開発投資を実施すれば、潰されてしまう。監査法人と粘り強く議論を尽くすしか方法はない。

10. 決算書による経営分析

決算書は貸借対照表と損益計算書からなる。我々の経済活動を二つの指標に数字化することにより決算書は出来上がる。逆に我々は決算書を読み解くことにより、その会社の財務状況を理解できるし、決算期（1年間）の収益構造も理解できる。

銀行は決算書を見て、資金を貸し付けるかどうかの判断をする。銀行も融資先が倒産すれば大変な損害が発生するので貸付には慎重だ。赤字にならなくても収益が大幅に低下すると銀行は緊張して、色々な調査を始めて融資も減らされる。また、お客様も納入業者も銀行も当社の決算書を入手して、常日頃から、当社の経営状況を監視分析している。当社の顧問税理士は決算書が赤字にならないような経営を求める。常日頃から「赤字決算はするな」と指導している。

また我々も決算書を利用して同業者の経営分析をしており、会社の問題点とか、借入金の状況を把握して経営改善活動の参考としている。決算書を読み、経営分析をすれば、沢山の経営情報が得られるので、創業時から経営分析とその研究に力を入れてきた。独学で経営分析の勉強をしてきたが、化学技術の習得に比べれば、少し学べば楽しいものになる。

●第35期（34年2カ月）までの決算書のまとめ

創業から第35期までの売上高累計は812億円、経常利益累計は99億円、売上高経常利益率は約12％となる。その間の設備投資は200億円で、設備投資の売上高比率は24・6％の巨額の投資をしてきたことになる。償却は127億円を実施してきたが、これだけの投資をすれば（固定資産も増加するので）常に巨額の資金不足が発生する。さらに経常利益から税金と配当を支払えば資金不足はさらに深刻となり、借入金で補う他はない。創業以来如何にしてお金を借りるかに腐心してきた。

利益は出るが、常に資金不足に苦しめられている。第35期の総資産は120億円で、売上高は62・9億円、計算上の話ではあるが、売上高が10％増加（6・3億円増）すれば総資産も10％増加（12億円増）すると計算され、税金と配当を支払った後の利益では賄うことができないので、借入金が増えることになる。

第35期までの成長の推移（P370参照）

●当社の年間成長率

第1期の売上高を4012万円（1年に換算）として第35期の売上高は62・90億円で、158倍に売上高を増やすことができた。年率（33年2カ月間）約16・5％の成長となった。第10期までの成長率は36・1％と30％以上の成長率を維持できた。順調な第20期までの成長率（18年2カ月）は28・9％と計算される。ほぼ創業時の計画（年率30％成長）に近い線で実行できた。リーマンショックの影響が出る前の第25期までの成長率（23年2カ月）は約23・3％となっている。

創業当時に「前勤務会社を20年以内に追い越す計画」を立案した。その為には年率30％成長が必要と考えた。計画はほぼ達成（年間成長率28・9％）でき第19期に前勤務会社に追いつくことができた。

ある企業の講習会で（若気の至りで）「どうすれば毎年高成長率を維持できるか考え

て経営すべきだ」と述べたことがある。1年とか2年ならば高い目標を達成できるかも知れないが、毎年そのような成長は不可能だと、大企業の経営者から叱られた。それでも20年近くは計画に近い線で達成できた。

しかし、第25期〜第35期までの約10年間はリーマンショックにより発展させることができなかった。社会的な影響も大きく受ける。最近の成長率も鈍化気味であり、規模が大きくなると、同じ発想では高成長率の維持はどんどん難しくなる。

残念ながら、広瀬の代で（30年以上社長を続けたが）１０００名の化学会社を構築することはできなかった。それでも当初は不可能と思っていた第一目標は達成できた。夢は大きく持ち、時間を掛けて努力すれば夢も達成できた。

しかし、発展ばかりを追い求めて倒産させれば意味がない。リーマンショックによる減速経済で我々も少し休息ができたとも考えている。今後は発展率が下がるのもやむを得ない。無理をする必要はないが、後輩たちが今後も適切な発展を目指して頂ければ望外の喜びである。

しかし年率16・6％の成長は5年間で売上高を2・15倍に増やす必要がある。巨額の

当社の年間成長率

第1期は8カ月で第20期*は6カ月決算の為、1年に修正

期（稼働年数）	売上高、発展倍率、年間成長率	人員	経常利益
第1期（年間に修正）	4,012万円	3名	160万円の赤字
第10期（8年8カ月）	6.619億円、16.06倍、36.1%	41名	0.96億円
第20期*（18年2カ月）	38.88億円、96.9倍、28.9%	118名	11.1億円
第25期（23年2カ月）	49.76億円、124倍、23.3%	209名	6.87億円
第35期（33年2カ月）	62.9億円、166.8倍、16.5%	270名	12.8億円

経常利益と人員は期末

設備投資が必要になる製造会社では難しいことになる。規模が拡大すると共に、巨大な設備投資、人材の確保と教育、資金面で難しくなる。それでも年率10％程度の成長は確保したいものだ。何とかして10％以上の成長率を保持して、経常利益20億円以上が確保できれば借入金が大幅に増えることなく安定的な経営ができるかも知れない。勿論チャンスが来れば時流に乗ることも大切だ。

この35年間の日本企業の成長率は低い中で、33年間の長きに於いて年率16・5％程度の高い成長率を確保できたのは社是に発展を掲げて、社員と共に努力してきた成果だと喜んでいる。日本国の基礎は企業の発展にあるので、個々の企業が頑張らなければ衰退してしまう。

●発展は裕福感を打ち消す

設備投資が続くと、利益は出ているが常に資金不足の貧乏経営が続くことになり、借入金は年々増加する。毎年適切な利益は出るが、経営者としては裕福感を感じることもない不思議な現象だ。兵庫県からは、高額納税者として表彰される位、儲かっていたが裕福感を感じたことはない。

この原因は当社の発展戦略にあるのは確かだ。発展させなければ大きな設備投資の必要もないし、大きな借入金をする必要もなく、気楽な経営ができたのだろう。

第31期、第32期末の借入金は約40億円まで増加した。第32期の11月には過去最高の45億8千万円まで膨らんだ。年商を超える借入金となった。銀行は借入金に対して社長の個人保証を求める。会社が倒産すればとても個人で弁済できる額ではない。銀行も分かっているが保証を取り付ける。もし、倒産すれば個人財産は全て没収されるし、借金だけが残る。経営者としては命がけの仕事で手は抜けない。

発展→設備投資の増大→借入金の増大→個人保証→裕福感の欠如

第30期頃から三井住友銀行の社長保証は解除して貰えたので、他の銀行も追従してくれた。それでも会社の借金は個人の借金との思いは消えないものだ。計算上は金持ち（株式）になるが、会社の借金が大きいので金持ち感はなかった。会長引退まで裕福感は感じることができなかった。貧乏性は治らないもので家内と共に慎ましい生活を送った。家内は生活費から、節約により多額の貯金をしていた。早く亡くなった家内には申し訳ないことになってしまった。

第33期からは業績も回復し、設備投資も若干減少したので第35期までの3年間で約30億円の借入金を返済できた。上場資金37億円も入手できたので現在は裕福な資金状況にあるが、今後も大型投資計画もあるので予断は許されない。

貧乏生活を強いられる原因は当社の発展戦略にあり、それに基づく巨額の設備投資が原因なのは明らかだ。精神的に貧乏生活を送ったが、私にとって会社経営を思い切り楽しめたのは幸いだった。

●設備投資の5年ルール

設備投資案は毎年大量に出てくる。大きな設備投資は発展の為に必要だが、過剰投資

KNCの投資バイオリズム

年間平均投資額、期末借入額、単位：百万円

	第17～18期	第19～21期	第22～23期	第24～26期	第27～28期	第29～32期	第33～34期
期間	2年	2.5年	2年	3年	2年	4年	2年
年間平均投資額	527	1,228	443	1,123	302	1,424	697
期末借入額	955	2,700	2,092	3,318	1,851	4,052	2,257

はボディブローのように効いてくるので慎重に用心しながらの投資となる。3年程度大型投資を実施し、2年程度設備投資を減らして様子を見た上で、まだ行けると判断すれば再度大型投資に向かう方式が自然となってきた。

第29期から第32期の4年間（景気の悪い時期）は大型投資となってしまった。お客様から追加で10億円強の設備投資案件が持ち込まれたので投資額も4年間で57億円の大型投資となり苦しいことになった。

当社は、5年均一返済（月払い）が中心で返済をしている。2年間も設備投資を縮小すれば借入金は大幅に縮小できる。

私の友人は素晴らしい企業を創業し経営しているが、自分の代で借入金の返済は難しいと言っている。彼は借入金の大半を15年返済としているので、返済は楽であるが、なかなか借金は減らない。私は自分で借りたお金は自分で返すべきと進言しているが、昨今の低金利時代を考えると、借入金で事業拡大をする方が経営的には優れているのかも知れない。

しかし、経営者としては金利が安くとも多額の借金は気が重い。また、

金利は何時か上昇に転じる時も来るかも知れないし、借金は返済可能な借入金であるべきだ。

人生編

「単純な人生など存在しない」

友人からベンチャー企業向けの本を執筆すればという提案を受けてその気になった。しかし、人生は波乱万丈であり、私にとって会社設立よりも大きな出来事が次々と起こっている。人生編を追加して、これらの問題も考えてみたい。

小学校5年生の時に自我に目覚め、自分の進むべき道を決めて両親と戦い、自分の人生を切り開いてきた。理想通りの道を歩むことはできなかったが、それに近いところまで漕ぎ付けた。しかし、問題は次々と発生する。両親が作った大家族主義が、結婚問題でも私達を苦しめることになった。

さらに、長男（研治）が生まれ喜んだが3歳児健診の時に、自閉的傾向児と判定された。色々な医者を訪問し、診察して頂いたが、多くの専門医から大変な病気で回復の見込みはないと告げられた。

悪いことばかりではない。55歳の時に共同研究をしていた筑波大学の長谷川教授から「筑波大学では研究者に博士号を取得させるプロジェクトが進んでいる。貴方も受験しないか」とのお誘いを受けた。

当時は経営も落ち着いていたので受験することになった。社長業と研究業の両立は厳しく7年の厳しい生活が続いたが何とか卒業できた。当時は余裕のない厳しい生活だと思っていたが、後から考えると、楽しい生活を送らせて頂いたと思う。特に長谷川教授とは長いお付き合いをさせて頂いたので、有難いことだ。

当時は大学発のベンチャー企業の設立競争もあり、民間の研究者が講義を担当するケースもあった。卒業すると同時に大学院生を対象に2単位の講義を依頼され、3年間集中講義を受け持った。

1. 大家族主義が人生を歪める

一般的に、学生時代は勉学、スポーツ、恋愛等々活発な楽しい青春時代があり、その延長線上に仕事、結婚、育児、転職等の労働時代が続き、介護、定年、離別、年金生活等々の老後生活が続いて色々なイベントが繰り返された。最後は死亡して幕を閉じるが、決して単純な生活が続く訳ではない。

私の場合、学生時代は勉強だけではない。家業手伝いの労働が大きくのしかかったし、両親は3姉妹の家族を呼び寄せ労働力として活用していた。同居に近い状態で大家族を構成し、家業に取り組んでいた。大家族主義では私が結婚すれば嫁が大家族に馴染むのは難しいと予想していた。さらに、私は好きな道（サラリーマンの研究職）に進んだが、家業は多忙を極めていたので、結婚すれば家内は店の手伝いをさせられることは明白だ。私自身も長男でありながら、家族に対して肩身の狭いサラリーマン生活を送っていた。

一般的な人生図

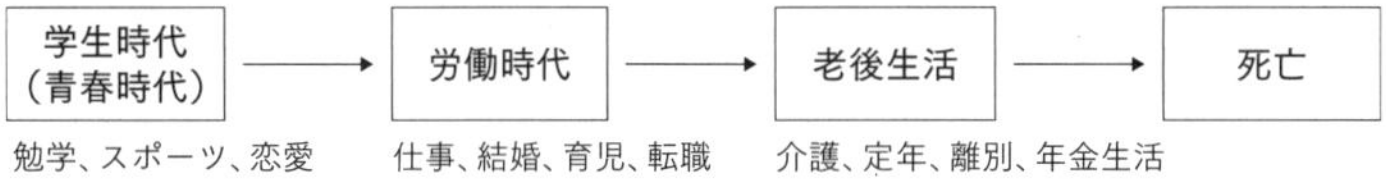

父の強い自我に押し潰されていたとも考えられる。家事手伝いが私の勉学を妨害したのと同じく父の作った大家族主義は私の結婚問題でも私を苦しめることになった。

●結婚問題と広瀬屋の解散

ほぼ4家族が同居する大家族主義で広瀬屋は運営され、その家庭環境から嫁を取るのは難しいだろうと思っていた。結婚には自信がなかったので学生時代から積極的な恋愛活動ができずに、彼女はできなかった。何度か私に直接のお見合いの話はあったが、全て断っていた。

見かねた母親が、宗教関係者の伝手からお見合い相手を探してきた。家族問題は母親が何とかしてくれるだろうと安易に考えていたが、婚約中に母は病気で亡くなってしまった（昭和45年5月15日）。披露宴等の手配は長女に手伝って貰い、昭和45年6月12日に慌ただしく結婚した。家内も母親を頼りにしていたが母親は亡くなったので、予想通り厳しいことになった。

嫁舅とか嫁小姑問題が発生し、結婚後1年も経たない内に父親から離婚を迫られた。家内は何も言わないが、舅とか小姑から苛められていた可能性を感じ、家を出る決断をした。当然、家内も広瀬家を良くは思っていない。根本的な問題は父親が作った大家族制度にあると思えた。勿論、長男の私が父の事業を継げば問題は軽減されたかも知れないが、私も必死で自分の城を守ってきたので、簡単に父親の言う通りにはできない。

全体主義か個人主義かに関わる問題だろう。父親の呪縛から逃れるのは大変なことである。今から考えると、もっと早くドライに家族と縁を切る道もあったかも知れないが、当時はそのような勇気はなかった。

日本ではまだまだ、中小企業、自営業とか宗教家の子供は、跡継ぎを強要される。戦前のように妾制度が容認されていれば沢山の子供を作り、適任者を跡取りにすればよいが、最近のように一夫一妻制度（夫婦には良い制度）が確立され、少子化の時代では同族経営には無理が生じる。私の場合は長男と長女がいるが、2人共、経営に興味がないので会社は社員に引き継いで貰った。

親族に引き継ぐよりは素晴らしい社員に引き継いで貰った方が会社も発展できるだろう。化学問屋を経営する創業者仲間でも、専門知識もない娘婿に引き継がせたが、逃げられてしまった。世襲制度の会社も否定はしないが、嫌がる子供に強要するのは反対だ。子供は子供で自由な道があるはずだ。

しかし、父親は古い時代の価値観を持っている人で、私を跡取りと願っていたが私の強い反対により果たせなかった。二女の夫、三女の夫に社長を譲ったが三女の夫が社長の時に広瀬屋は解散（私が引退する少し前に）してしまった。

近くの神社の巫女様も跡取りができたと喜んでおられたが、息子は神主に進まず、孫が跡を継がれた。また、私の仲の良い同級生もお寺を継がずに、貿易会社を設立していたが、息子さんがお寺を継ぎ住職となられた。最近は長寿になったので息子が継がずに、孫が継ぐケースも増えてきたのかも知れない。本人が跡継ぎを望めばこれほど目出度いことはないが、少子化の時代では難しいことだ。新たな仕組みが求められる。私の場合は証券取引場への上場により、優秀な人が社長に選ばれる仕組みができた。

学生時代の教育問題（勉強妨害）、就職問題（跡継ぎ、起業の反対）に続き結婚問題（大家族主義）でも父親と対立することになった。父親は自宅に孫の為にブランコを作ったりしているので子供が嫌いではないと思うが、あまり孫と遊んでいる姿を見たことがない。私の長男は自閉的傾向児で重度障害児と診断されたが、特に自閉症児は人の言うことを聞かないので、父は私の子供には冷たかった。子供を可愛がって貰った記憶は全くない。

親の夢実現の為に子供に犠牲を強いるのは良くない。親には子供の夢を応援する責任もあるはずだ。勿論、私を育ててくれた恩は感じる。しかし、家業は父親の実力だけで実施して貰いたいものだ。大家族主義との戦いは家族との戦いになり、家族の大半が敵になり私には勝ち目はない。家を出るしか方法はなくなった。

両親と私たちが育った環境とか考え方は大きく異なるので、大きな対立が生じたのだろう。

次から次へと問題は発生した。両親は自分たちの考え方が正しいと考えているし、私は私の考えに従って生きていくべきだと思っている。父の自我と私の自我の戦いかも知れない。

両親も時代の考えに基づき、精一杯生きてきたので、両親を非難しても仕方がないことだ。しかし、「新しい考えが世の中を動かすので、古い発想では世の中で戦えない」。

私は家を離れ、父親が開設した広瀬屋は姉婿と妹婿に引き継がれ、彼らはマンション経営に失敗し大きな借入金を残して妹婿の代で解散となった。彼らの借金の一部は私が開設した会社の株式売却で返済したようだ。解散により社会に迷惑を掛けてないのは幸いだ。

私のような考え方は戦後の民主主義によるもので、両親が育った戦前の考えは「子供が親を助けるのが孝行」で、二宮尊徳が尊敬される時代であり、当たり前のこととされていた。

両親が育った古い時代の考えで私を育てたので、私は大変な被害を受けたが、時代により考え方が異なるので難しいものだ。父親なりに子供たちが困ることなく生活ができるように頑張ったのだろう。しかし、父親が作った広瀬屋は時代に適応できず解散した。立派な自宅も、沢山建設した文化住宅も、無用の長物になり、広瀬屋も解散した。家族は大変な貧乏生活を送っていたのを知れば父は嘆き悲しむだろう。

ただ、私は苦しい時代を生き抜いてきたので、それらを跳ね返す力を得たのも確かだ。この反発力が現在の地位を確保し、老後の安らかな生活を作っているのも確かだろう。

父親も私に色々な苦難を与えたが、父の置かれた環境と、時代の考えが父の行動を支えていたのだろう。子供たちに財産を残してやろうと思っていたのも確かだ。だから父親を非難するが、不思議と腹は立たない。これが親子なのだろう。

●経験の伝授（親から子へ）

サラリーマン社会は学歴社会であり、大企業では学歴により、ある程度の路線が引かれている。中卒とか高卒の人が大企業で出世をするのは大変なことだ。サラリーマンの親たちはそのことをよく知っているので、子供に勉強をさせて有名大学を目指させる。自分の経験を子供に伝授し、生活は苦しくとも教育には力を入れる。我が家とは全く方針が異なる。

また、中小企業に就職した親たちは待遇の良い有名大企業に子供を就職させようと知恵を授ける。大企業の方が生涯年収は遥かに良いからである。娘の旦那さんは有名大学を卒業後修士課程まで進み、有名大企業に就職された。親の作戦は成功したのだろう。

農業、漁業とか商業等の自営業で生計を立てている親たちは学問の重要性を感じないので、子供に勉強を強要はしない。むしろ仕事を手伝わせるので、勉強の妨害をすることになる。

特に両親の時代は子供も大きな労働力として働かされた。当然のこととして自営業の子供はサラリーマンの子供よりは学力的に劣ることになる。

●両親たちの時代（家の伝承は1人だけ、新天地の開拓）

両親共に7人兄弟（両家共に男3人、女4人）で農家の長男と長女だ。両家共に勉強に力を入れる環境にはないので父は尋常小学校（4年制の小学校）卒業後、丁稚奉公（11歳から）に出されている。ところが母の弟は養子に出されたので、環境も異なり京都大学を卒業後大企業に就職し、大変な出世をされた。

農家では跡継ぎは男性1名だけで他の兄弟は外部に出ていく必要があり、男性は丁稚奉公に出て、商売を始めている。女性も大半が商売人に嫁いでいる。当時はサラリーマンよりも自営業の方が遥かに夢もあり収入も良かった。

このようにして叔父さんとか叔母さんたちは奈良県から神戸市、大阪市、京都市へと新天地を開拓していった。親戚の結束は強く、叔父さんとか叔母さんたちは自営業で栄えた。

正月には特定の叔父さんの家で毎年すき焼きパーティが開催され、叔父さんとか叔母さんが集まり儲け話に花が咲いていた。父は不思議と毎年私を連れてパーティに出席していた。

終戦後、両親は焼け出された叔父さんたちの面倒を見ており、我が家には沢山の親戚の人が住み込んでいた。誰かが商売を始めると、皆がお金を貸して応援していた。面倒見の良い父はパーティでも別格扱いを受けていた。我が家も商売を始めた時は何人かの叔父さんから借金をして始めたし、親戚間の相互支援制度はすごいものがあった。いくら借り入れたかは知らないが、父は2年間で返済したと言っていた。

この時代の親戚間相互支援制度とか大家族制度は時代に適合していたのだろう。私たちの時代（従弟の時代）になると、価値観も大きく変わり、自営業が衰退しサラリーマン全盛時代を迎えることになる。

●従弟（私たち）の時代

叔父さん、叔母さん、従弟たちが始めた仕事は広範囲にわたる。米屋、食堂、食料と燃料の小売業、食器販売業、呉服商、住宅会社、ガソリンスタンド、製材業、庭師業、養鶏業、スナック、貸本屋、園芸店、うどん屋等々に進出していた。そして従兄たちが跡を継いだ。昭和の60年代位までは元気よく経営をしていたが、各種のチェーン店が開設され自営業の競争は激しくなった。自営業よりもサラリーマンの方が収入も多くなり、徐々に廃業する自営業（従弟の経営）が増えてきた。

時代の流れには逆らえず、一時は栄華を誇っていたが、大半の自営業は廃業の運命となっていった。しかし、父が2度目の開業で始めた食料と燃料の小売業（広瀬屋）は繁盛し、どんどん儲かり、そのお金で土地を買い、アパートを建てて貸していた。父の時代は土地もどんどん値上がりし、儲かっていた。

義理の弟が社長になり、マンション経営に乗り出した。だが不運にも阪神大震災に遭遇した。

神戸市とか兵庫県が被災者用に安価な住宅を供給したので家賃相場が下がり、採算が取れなくなり、財産を切り売りして凌いでいた。気が付けば私が始めた研究開発会社が3年目で広瀬屋を追い越していた。時代の変遷には逆らえない。広瀬屋もスーパーマーケットに押されて採算が取れなくなり廃業となった。

地域の過疎化も進み、土地の値段も低下した。父から相続した家も一時は1億円以上の価値があると父は言っていたが、私は〝財産は要らない〟と父に言っていたのに、遺言通り配分された。数年後に神戸市から災害指定地にされ、地価はさらに低下し父の家は200万円で売却することになった。相続では他に何も貰ってないので、相続税（約500万円）の方が遥かに高額となった。父からは「お前には実家を相続させるので、危ない橋を渡らずにゆったりとした生活を送れ」と言われていたが、時代の流れにより価値のない贈り物になっていた。

父の言う通り生きていれば大変なことになっていただろう。父も予測できない位、時代は変わった。父が起業した広瀬屋も解散し、父の残したたくさんの文化住宅も価値のない無用の長物となった。さらに姉妹たちで経営していたマンションでは多額の借金が残った。気の毒なことに、姉妹たちも貧乏のどん底を味わっていた。

両親が生きていれば嘆き悲しむだろう。時代の流れは急速に進み、価値観も大きく変わってしまった。我々も時代の価値観に従う他はない。

●人生は自分の方針通りは進まない

小学校5年生の時の自我の確立により、私の人生を大きく変えることができた。しかし、父親の構築した大家族主義の中では、私は肩身の狭い生活をしていた。長男でありながら親の商売を引き継がずにサラリーマンになり、皆から白い目で見られていた。親たちが敷いた路線に反発し、自分の考えで（自我の確立により）自分の路線を進もうとした。しかし、姉妹たち（3人）は両親の考えに従い、商売にのめり込んでいる。両親の考えに反発しているのは家族で私だけだ。多くの障害を乗り越えて、自分の望む方向に人生を歩んできた。

しかし、結婚とか出産により自分ではない人たちとの生活が始まる。人生はどんどん複雑化してゆく。自分の考えとか自分の努力だけではどうにもならない問題が発生する。

楽しい面もあるが、コントロールできない苦しい面も新たに出てくる。自分の望む人生だけを歩むことはできなくなった。やっとの思いで実家を離れ、社宅に転居し独立ができた。

それでも人生はドンドンと複雑な方向に進むものだ。

2. 自閉症児の養育　絶望と希望

長男（研治）が3歳児健診の時に、自閉的傾向児と診断され、治癒することはない大変な障害児と診断された。療育手帳には重度障害児のA判定（１９７９年5月、6歳、兵庫県中央児童相談所）とされた。

私は基本的に楽観主義者ではあるが、何人もの医者から「息子さんとは生涯話すことができない」と宣告され、落ち込んでしまった。母親はもっと大変で毎日毎日嘆き悲しんでいる。幸い、中学2年生の時に中度障害児のＢ１判定に昇格し夫婦で喜んだ。その後、２００２年9月の最終判定（31歳、Ｂ１判定）が出され、今後の判定の必要はなくなった。〝これ以上の進歩はない〟という行政の判断だろう。

30歳を過ぎたから成長しない訳ではなく、その後も彼は確実に成長している。

医者は治らないと言うが、親としては簡単に諦める訳にはいかない。何とか治してやろうと考える。自分の人生だけ考えれば良い状況ではない。何か大きな重しを背負って別の道も歩むことになった。嘆き悲しんでもどうにもならないし、その時々で、ベストを尽くす他は生きる道はない。人生には色々なことがのし掛かるものだ。これらを受け入れて運命と考え、少しの成長を喜びながら、楽しく人生を乗り切る他はない。

　障害児は不要な人間とする人もいるが、私にとっては愛おしい長男であり宝物だ。子供から色々な経験ができたし、苦しみも増えたが、それ以上の楽しみも経験できた。現在は子供の為に私自身が元気な状態で、少しでも長生きをしたいと思っている。

●長男の病気と障害

　須磨にある兵庫県立子供病院に３人の重度障害児と親とで月に一度は出向いていた。プレイルームで遊ばせている時に、１人の子供がブランコに向かって走っていった。もう１人の子供も少し遅れて追従した。私の子供は我関せずとプラモデルの自動車で遊んでいる。先生は貴方の子供は人に関心がなく、一番重症ですよと言った。先生方は精神的な何かのトラウマでこのような状況になっていると考えているので、治らないと言いながら、命に関わること以外は叱ってはなりませんと指導をする。また、先生方は人との関わり方で子供の重症度を判断していた。

家内は先生の言葉を〝神の声〟と思っている。私は治らないという先生の指導を受けたくないが、こちらも藁にもすがる思いで指導を受けている。私は医者ではないが子供との付き合いの中で自閉症は精神的に発症するものではなく、脳障害ではないかと思い始めていた。従って、悪いことをすれば私は意識的に叱っていたが、母親は叱るなとわめく。

子供は私の指示には比較的従うようになってきたが、残念ながら、夫婦喧嘩の大きな原因の一つとなった。

●長男の偏食と迷子

3歳位の時に子供は即席ラーメン、コカ・コーラ、サイダー位しか食べなくなった。暑い日に天然の生ジュースを与えても飲まない。ビタミン不足で皮膚はカサカサになってしまった。

この偏食を治さなければ、この子は長生きができないと思い、強制的に甘いミカンを選び食べさせた。子供は泣き叫び抵抗する。母親は何倍もの声を荒立て〝お父さん止めて、病気が酷くなる〟と絶叫する。子供の味覚が正常ならば、いずれ受け入れてくれると思っているので、毎日会社から帰宅すると甘いミカンを選んで強制的に与えていた。

地獄の日々が続いたが、１週間ほど経った頃に、私がミカンを食べていると研治の手が伸びて私のミカンを取り上げて食べ始めた。それからは偏食をしている食べ物を全てこの方法で食べさせ、偏食は完治した。１カ月後にはみそ汁まで食べている。栄養は充足され、皮膚はつるつるになり子供の健康を取り戻せた。

家内とは子供の教育で常に衝突を繰り返したが、この件だけは母親からも感謝されている。

医者は人間関係を強化する為に保育園に入れなさいと言う。医者は簡単に言うが、「自閉症児の保育は大変だ」と保育園は知っているので、どこも受け入れてくれない。加古川市の宗教関係の保育園が受け入れてくれた。保育園の近くに我々も転居して体制を整えた。ところが保育中に保育園を抜け出し、行方不明になった。それからは家内が監視に付き添うことになった。

とにかく多動（動き回る）で、直ぐに迷子になる。研治がいなくなった、直ぐに帰って欲しいと会社に連絡が入る。海水浴に行っても海岸線をどこまでも走っていく。放っておけば帰れなくなるので親は追いかけることになるが、子供も全力で走るので大変だ。何度も迷子になり、彼なりに心細い体験をしたのだろう。小学校の1年生位から迷子にならなくなった。帰りの道順を覚え始めたのだろう。相変わらず放浪癖はあり、遠方に出向くが必ず帰ってくるようになった。

　自閉症児は自転車とか縄跳びが下手な子供が多い。研治は三輪車を上手に乗れなかったが、自転車は小さい時から乗り回していた。縄跳びも上手だ。小学校2年生の時に学校の先生から自転車に乗っている研ちゃんを東二見の駅前(家からは10kmはあるだろう)で見たけれど、お母さんは知っていますかとの電話を頂いた。

　放浪癖があり親も追いかけられなくなっていた。彼は道を覚え迷子にはならないが、どんどん遠征をするようになった。自転車で10kmから20kmも遠出をするので心配はするが、迷子にはならない。

　多動で言葉が喋れない。コミュニケーションが取れないので、色々な事件を起こす。他人の家に上がり込んで冷蔵庫からジュースを飲んでいた。別府川に落ちて近所のおじさんに助けられた。足をガラスで切っていたので病院に連れていった。先生は破傷風が怖いと言い、明日も連れてきなさいと言われた。翌日には傷口は塞がり、ほぼ治癒しているのを見られて、先生は蛙みたいに再生力があるなと感心された。

犬にかまれて泣いて帰ったこともある。それ以降は犬が来ると私の後ろに隠れるようになった。

小学校3年生の時に校長先生から呼び出された。学校の前の家の自動車の泥除けのカバー4枚を引きちぎったと言って苦情が来ていた。現行犯で子供が捕まっているので訪問し、謝り弁償した。しかし、とても小学生の子供の力ではちぎれないと思うが、いまだにどのようにしてちぎったのかは不明である。大人でも道具がなければ不可能と思うが、謝る他はない。

動物にはあまり興味を示さないが、珍しく犬（しろ）を連れて出かけたが暗くなっても帰ってこない、近所の人にも手伝って貰い捜し始めた。

暫くするとパンクした自転車を引きずりながら帰ってきたが、犬がいない。次の日に泥んこに汚れた犬が帰ってきた。コミュニケーションが取れないので何があったのかは分からない。しかし、子供も犬も無事に帰ってきたので有難いことである。

彼は地域の皆様にも助けられ、色々なことを体験して覚えていったと思われる。普通の子供ならば言葉から色々なことを覚える。彼は言葉から覚えられないので、実践により苦しみながら、色々なことを覚えたのだろう。

彼は迷子になり、親もいないし知らない人ばかりで心細い感覚に襲われたかも知れない。道を覚えれば帰れるが、道を覚えなければ帰れないと分かったのだろう。

食べず嫌いの食べ物も、強制的に食べさせることにより、美味しいことを知り偏食を改善できた。他人の家に上がれば叱られる。悪いことをすれば叱られる。人のものを取り上げると叱られる。これらのことを教えるべきと思い教えた。

医者の言うように「自由にさせなさい、叱ってはなりません」、では子供は成長できないと思った。良いことをすれば褒める。悪いことをすれば叱ることにより子供は成長できる。母親は先生（医師）の指導を「神の声」と認識しているので子供の教育で争いが絶えなかった。私の意見は聞いて貰えない。

幼少時代はこの子と生涯コミュニケーションが取れないのではないかと本気で思っていた。医者がそのように言っていたからである。しかし、現在は趣味を楽しみ、私が開設した神戸天然物化学に就職し、スポーツジムに通い、パソコン教室に通い、レストランの食べ歩きを楽しみ、電車を自由に乗り、銀行で小遣いを下ろすこともできる。新型コロナ蔓延により現在は活動の一部を縮小しているが、感染が収まれば旅行も楽しみたいと思っている。

我が家でも私と家内では考えが分かれた。私は脳障害という考え方で子供を指導した。私の指導が良かったというよりも、彼の能力が素晴らしかったとも考えられる。幼少時の仲間と比べると研治は大変な成長をしたように思う。しかし、放浪癖とか、自分の要求は止めることを知らないので、しつこく要求をする。普段の会話は何とか対応できるが、何かを説明するのは全くできない。それでも同僚の親から見れば、就職もでき、1人で買い物をしたり銀行で小遣いを下ろしたり電車に乗ったりできるので羨ましがられる面もある。家内は昔の同僚の親とは話し難くなったと嘆いていた。

私は医者ではないが、自閉症児にも放任主義ではなく、しっかりとした教育はすべきと確信している。放任主義からは何も生まれないような気がする。

●5歳で単語（ブーブ）を発する

加古川市にある、浜の宮公園でＹＭＣＡのお兄さんとかお姉さんが障害児を指導してくれるイベントによく参加させて貰った。彼は楽しい時間を過ごし、終われば、前を通る浜国道の縁石に座り、自動車を見て過ごし、何時も1時間程度見ていた。

彼は泣いたり笑ったりはできるが言葉が出ない。5歳の時に初めてブーブとセッケンの言葉が出た。その後、オウム返しの言葉が増えてきた。5歳までに簡単な言葉が出ると、成長する可能性があると当時は言われていたので、少し気が楽になった。

本人も何か喋りたいと思っているのだろう。オウム返しを盛んにするようになった。我々は何気なく喋っているが、彼にとっては難しいことなのだろう。少しずつ喋れるようになったが、次はテニヲハの使い方が上手くゆかない。我々は簡単に使っているが彼には難しいのだろう。

私はペットとして小型のトイプードル犬を飼っている。賢い犬でよく吠える。色々な要求を声でしてくれると助かるが、今のところ、餌の要求、誰かが来た時、6時に私を起こしに来る時（トイレへの要求）だけは鋭く吠えるが、それ以外の要求は難しいようだ。研治は声を出せるが、単語の意味が分からずに、言葉にできない時期が長く続いた。

小学校では言葉が出ないのと多動があることから、問題児として特殊クラスで学んでいた。本格的な勉強ではなく遊戯とか音楽とか図工が中心のクラスだ。

●公文塾に通う

小学校2年生の時に思わぬ出来事が起こった。何時ものように自転車を乗り回しているが、手提げカバンを持っている。家内が不審に思い中身を調べると公文式のテスト用紙が入っている。ご近所のKさんが公文塾を開設しているので、家内が状況を聞きに行った。

Kさんは1週間前から研ちゃんが来ているので教えているとのことで、家内はびっくりしてしまった。研治は自分から公文塾に通い始めたのだ。K先生は教えてあげるとのことで、算数と国語で公文塾に通わせることになった。機械的な計算はどんどん進み、国語の漢字も覚えることができ、言葉面（単語を覚える）でも進歩できた。しかし、5年生の後半から算数も国語も文章題となり、全く授業に追いついていけなくなった。家内は辞めさせてしまった。

公文塾のお陰で時計が分かり、電車の時刻表が理解でき、計算ができるので買い物もできるし、銀行で預金も下ろせるようになり、毎月給料日には銀行に行き小遣いを下ろしている。公文塾のお陰で、生活面で出来ることが大幅に増えた。有難いことである。

特殊クラスでは普段の生活には困らないが、勉強ができない知的障がい児の子供と、自閉症のような重度障害児が籍を置いている。研治が5年生の時に5年生と6年生の合計10名での合同かるた取りが行われた。大半が知的障がいのある子供だ。しかし、研治は文字も分かるし機敏なので、読み上げるかるたを全部取った。先生は驚かれて報告に来られた。家では動物の名前を教える為に「絵かるた」を使って教えていたが、かるた取りを教えたことはない。また、動物に興味がないので動物の名前も覚えない。犬と猫との区別も付かない。

先生は「自閉症児は喋れないが、知的障がいのある子供は何の不自由なく喋るので、能力は知的障がい児の方が上」と思っていたが、かるた取りでは研治の方が圧倒的な能力を発揮した。

先生は障害の重さをランク付けしているので、普通児＞知的障がい児＞自閉症児と思い込んでいる。生活面ではその通りだが、かるた取りではランクが逆転したので（自閉症児＞知的障がい児）驚かれた。知的障がい児と自閉症児では障害を持っている場所が異なるので、テストのやり方では順位が逆転するのだろう。

●不思議な能力と教育

小さい頃には目が良く、圧倒的に遠方まで見えていたと思う。彼の脳はデジタル的に思えてならない。絵画を教えてあげると言う人がいたが母親が反対した。研治は剣道を習いたいと言うので道場まで見学に行ったが、あいにく休館日だった。当時は貧乏で家計に全く余裕がなく習わせることができなかった。何とか習わせるべきだったと思う。

貧乏生活から、一度だけ障がい児の補助金申請をしたことがある。当時は差別も大きく残っており、郵便局から補助金を貰っている訳ではないのに母は郵便局で大変な嫌味を言われた。酷い話である。家内は誇り高き人で二度と申請はしなかった。

小学校の高学年の時に、仲間とスイミング教室でトレーニングを受けた。何とか泳げるようになっていたので中学校では水泳部に入れて貰い水泳を楽しんだ。

皆さんの支援もあり、稲美野養護学校高等部に進学できた。自力通学が入学条件だ。電車とバスを乗り継がなければならないし、携帯電話もない時代だ、普通電車と特急を乗り間違えれば大変なことになる。だが何とか1人で通えるようになった。母の執念かも知れない。彼は養護学校が一番落ち着いたような気がするし、楽しげに過ごせた。

彼とはコミュニケーションが取れないので分からないが、色々なことに対してやる気を持っていたようだ。剣道、絵画等を何とかして習わせたかったし、公文塾も継続したかった。そうすれば彼の可能性も広がったかも知れない。しかし、当時の貧乏生活では難しい状況だった。

●鉄道ジオラマを一発で作る

養護学校（高等部）３年生の終わり頃に、毎日沢山の板を買い自転車の後ろに積んで帰ってくる（この頃は独立もして少し裕福になっていた）。自閉症児は色々なものを買い集める習性があるので、始まったかと思った。暫くするとトンカチトンカチと何かを作り始めた。93㎝×１８６㎝×９㎝の台が出来上がり、台の下には４つのコロが付いており動かせる。買ってきた板は全て使い切っていた。

買ってきた木は全て計算の上で買ってきていたのだろう。次にレール、電車、トンネル、沢山の樹木とか家、ビル、踏切、ポイント、配線等々を買ってきて模型の鉄道ジオラマが出来上がった。

スイッチを入れると電車が勢いよく走り出した。なんの勉強もしてないのに一発で立

派な鉄道ジオラマを作り上げたのだ。電気の知識もないはずだ。配線も教えたことはないし、誰からも教わったことはない。ポイントの切り替えもスムーズに進む。どうしてこんなことができるのか。親の私でもできないことをやってのけた。川だけは樹脂を加熱して溶かして流し込む必要があり、危ないので手伝った。後はペンキを塗り出来上がった。研治が買ってきていた模型の本を見ていると研治が作ったジオラマと同じ写真を見つけた。写真だけで作ったのだろうか。設計図のようなものは見つかってない。

出来上がると興味が薄れるようで次の作品に取り掛かった。今度は１１３㎝×２４３㎝×９㎝の台が出来上がり、一回り大きく立派なジオラマが出来上がった。私たちは小さな建売の家に住んでいたので、これ以上作られたら住む部屋がなくなるので、作るなら小さいのをとお願いした。次は60㎝×90㎝×５㎝の小型のジオラマを二つ作った。これ以上は置き場所もないので諦めて貰った。

その後はジオラマの製作は諦め、電車を走らせて楽しんでいる。新しい模型が発売されると買いに行き、あちらこちらの店に出かける。雑誌に模型店の住所が書いてあるので、それを見て行っているようだ。全国の地図も買い揃えている。月に一度程度は地下鉄で三宮まで遠出をしている。今度は作ることから電車を走らせることに興味を持った。

●就職と苛め問題

養護学校からも染色会社等を紹介されたが、あまり気が進まなかった。自分でも本格的に探さねばと思い、求人紙（チラシ）を頼りに木工関係の会社を2人で何社か訪問した。給与は安くとも、手に職が付けばと思ったが、作業環境は厳しく、あまり気が進まない。勿論、研治はよく働くが、会話もできないし直ぐに採用とはならない。私は化学分野の研究開発会社を経営しているが、当社での就職は危険物を扱うので無理と思っていた。近くの問屋さんの社長に良い会社がないか尋ねた。ジャバラを作っている良い会社があると紹介された。彼の紹介でジャバラの製造会社に就職できた。仕事は気に入っており野球も教えて貰い、彼もパート社員に仕事を教えたりしていたらしい。

会社も近く数名の社員と仲良くさせて貰っていたので、時々は様子を聞いていた。仕事が忙しくなると残業が続きバスがなくなるので社員が家まで送ってくれた。

家内が研治の異常（機嫌が悪く、暴力的な言葉を発する）に気が付き、調べることになった。私が仲良くしている社員に聞いてみると、残念ながら苛めに遭っていた。苛められているので転職した方が良いと言われたので直ぐに退職させた。研治は仕事をしたいが、苛めには耐えられなかった。それでも仕事には馴染み、技術を取得し、11年間殆ど休まずに働いたのに残念なことだ。

●神戸天然物化学への就職

職安に通ったが適切な会社も見つからないので、自分の会社で採用することにした。彼の仕事は雑用位しかない。それでも彼は自分の仕事を自分で見つけ増やしていった。自発的にトイレ掃除もしている。勿論、彼を苛める社員はいない。

社員はパソコンで仕事をしているので、彼もパソコンを使いたいと思ったのだろう。中古のパソコンを貰い、誰かに教えて貰ったと思われる。彼は興味があり、少し教えて貰うだけで覚えてしまったのかも知れない。パソコンを使って文章を打っている、それもすごいスピードで文字を打っている。

私でも何冊もの本を読みパソコンを覚えた。彼はどのようにして覚えたのだろう？恐らく、社員から少しずつ教えて貰ったのだろう。インターネットまで使っているので、何故、彼がこのようなことができるのか、父親の私でも分からない。

自分の本とか電車の整理にラベラーを欲しがったので買ってやった。ラベラーも使い熟している。家内も色々なものの整理に子供にラベル作成を頼んでいた。会社にもラベラーがあるので、誰かに教えて貰ったのだろう。

●子供との思い出

家内は幼稚園時代から県立の子供病院にお世話になり、診察とプレイルームでの教育を受けていた。ここで自閉症児の親たちと交流もできた。また、小学校低学年時代には東二見のスイミングスクールで障害者向けの活動をしている指導者がおられたので、仲間と授業中ではあるが参加させて頂いた。家内は金槌でプールは苦手だが、頑張ってくれた。荒っぽいやり方（泳げない子供をプールに放り込む）ではあるがお陰で研治は泳げるようになった。小学校の先生も見学に行かれて驚かれていたようだ。ＹＭＣＡの活動として、浜の宮公園で大学生がボランティアとして障害児の相手をしてくれた。研治は喜んで参加していた。終われば浜国道の縁石に座り、自動車を見るのが楽しみだ。夏には浜の宮公園の市民プールに連れて行った。楽しげに泳いでいたが目は離せない。

日曜日には研治と３歳年下の長女（亜希子）と３人で近くの小さな水路に亀とかザリガニを取りによく出かけた。亜希子は亀を見つけると目を輝かせて取りに行く。長らく家で飼っていたが、娘は観察し、餌も与えていたが、研治は全く無関心だ。娘が白い雑種の子犬（しろと命名）を拾ってきて「飼いたい」と聞かない。母親も負けてしまい飼うことになった。亜希子は可愛がるが、研治は無関心で、抱かせると直ぐに放り投げるので、しろも懐かない。

現在（彼は50歳）は家にもトイプードル犬がいるが、相変わらず動物にはあまり関心がない。犬も懐かない。相変わらずコミュニケーションは苦手だ。

当時は加古川市別府町石町に住んでおり海が近いのでよく魚釣りに出向いた。メバル、チヌ、ガシラ、グレ、グチ、マイワシ、アジ、マゴチ、ベラ、太刀魚等々沢山の魚が釣れるので楽しく出かけた。乗り合いの遊漁船にも彼と出かけた。彼は喜んで付いてきてくれた。魚釣りは私より上手だ。１９９６年に神戸市に転居したのと、私も年を取り、魚釣りに行かなくなってしまった。残念なことである。

●ＹＭＣＡスイミングスクールとパソコン教室

会社も順調に発展し給与も上がり、家庭も少し余裕が出始めたので、親子で何かしたいと思った。小学校時代のスイミングクラブへの参加、中学校での水泳部、養護学校時代の夏には市民プールで親子スイミングを楽しんだ経緯もあるので、スイミングスクールへの参加をしたいと思いたった。

１９９７年８月（彼は24歳）にＹＭＣＡスイミングスクールに入会した。彼は言葉が不自由なので私も同行した。プールでのマナー等を教え込んだ。土日だけだが、彼は休むことなく50歳になる今も続いている。下手くそな泳ぎ方だけれども、馬力で泳いでいる。私より遥かに速くなった。幼少の頃から色々な人のご支援で水と触れ合い、スイミングスクールでスイミングを楽しめるようになった。

２０２２年11月26日の日本ＹＭＣＡ大会で「25年継続会員賞」を親子で表彰された。父親は80歳を超えたので、体力的にも問題があり「幽霊会員」に近い状態だが、子供は週に一度（日曜日）を楽しみにしている。

親子でスイミングスクールに参加できたことは彼の長い水との触れ合いの経験の積み重ねによるものだろう。

２０２１年の10月頃に私のiPadを持ち出しインターネットで模型の電車を調べていた。インターネットの使い方をどこで覚えてきたのだろう。家内はＰＣが使えないし、私も教えたことはない。そこで、研治にパソコン教室に習いに行くかと問えば、直ぐに行きたいと返事が来た。１人では難しいので親子でiPadとiPhoneを習いに行くこととした。

パソコン教室には養護学校卒で、勉強ができるか不安だけれども引き受けてくれるかと問い合わせると、受け入れてくれたので親子で習いに行くこととした。私は彼が授業について行けるかどうか心配で、どんな珍道中が始まるかドキドキしていた。週に一度土曜日に2時間のコースでお願いした。

1カ月後、少しテストをしてやろうと思い、カメラの使い方を教えたが、あまり知らない。しかし、直ぐに覚えて次の日からカメラを使って楽しんでいる。私はＰＣが使えるので中級からのスタートで、彼は初級からのスタートとなりカメラの使い方は習っていないことが分かった。

彼は教室では人が変わったようにインストラクターに手を上げてどんどん質問をしている。私の心配は杞憂で終わった。むしろ私の方が脱落寸前である。

考えてみれば、小学校2年生の時に彼は公文塾に自ら通い始め、数学と国語を学び、言葉も少しずつ覚え始めた。これらが基礎となり神戸天然物化学時代にパソコンを覚え、私のiPadでインターネットを覚え、パソコン教室までたどり着けたように思う。自分の意思で少しずつ知識を積み上げ、発達したのだろう。長い知識の積み重ねが彼を成長させている。我々は3日坊主で直ぐに辞めてしまうが、彼は長く続くので、パソコン教室はどうなるか楽しみである。また、ＹＭＣＡのスイミングスクールは25年間も継続できた。

お陰様で最近は親子でのコミュニケーションが少しは取れる喜びを感じている。

●不思議な能力

我々は色々なことを言葉とか文字から覚えるが、彼はそれが難しい。頭の良い人は直ぐに覚えるが、彼は新しいことを学ぶのに時間が掛かる。しかし、興味を持てば、大変な力を発揮するものだと感心している。幼少期に自閉症と診断され、何人もの医者の先生から不治の病と宣告され、「彼とのコミュニケーションは年を重ねても難しい」と宣告されて過ごしてきた。絶望感を味わいながら過ごしてきたが、最近は彼との時間を楽しんでいる。有難いことだ。

幼少期には彼とは目が合わなかった。しかし、何時頃から合うようになったのかは分からないが、最近はよく合う。学問的には分からないが、我々はアナログで色々なものを認識していると思うが、彼はデジタルで認識しているように感じる。養護学校3年生の時にジオラマの土台を作った時も購入した板は全部使ってしまったので、頭の中では全て計算ができていたのだろう。過去の記憶とか、カレンダーの日にちと曜日などはピタリと当てる。デジタル的な計算が成立しているのだろう。地図も小学校１年生の頃から完ぺきに覚えるようになり、迷子にならなくなった。どのように使っているかは知らないが、彼の部屋には全国の地図帳が揃っている。

我々とは異なる方法で記憶とか思考のメカニズムが存在しているように思われてならない。時々、我々が理解できない能力を感じる。

彼の放浪癖から、居場所を特定する為に携帯電話のＧＰＳで調べられるように設定した。彼は調べられるのが嫌で携帯を切ってしまう。彼は電話をかけてくるが、こちらからはかからない。困るのでＧＰＳ調査はしなくなった。

今度はFaceTimeを設定してきた。毎日会っているから必要がないので、設定の解除を試みるが、スマホに弱い私の力では解決しない。暫くすると、私からの電話は全て留守電になってしまう。これでは困るので、パソコン教室の先生にメモを書き救援を求めた。

彼にメモを渡し、先生に渡しなさいと指示をした。彼は〝はい〟と返事をしている。

パソコン教室から帰ってきた研治に先生にメモを渡したかと聞けば、渡さなかったと言う。

少し叱ると、彼は留守電にならないように設定をした。彼は設定の仕方を知っていたのでメモを渡さなかったらしい。問題なく携帯が使えるようになった。初めて、彼の悪知恵を感じて嬉しく思った。

彼は自分が支払うべきと思っているお金は払うが、私と買い物に行った時などは私に払わそうとするのでケチだ。私は預金の管理が出来るように、預金通帳から小遣いの引き出し方法を教えた。彼は引き出し方法を理解したが預金の仕組みが分からない。

彼は10月末に6万円の小遣いを引き出したが、通帳には9月25日までしか印刷されていない。10月には会社から給与が入っているのでおかしいと言ってきた。銀行に問い合わせた。携帯電話と通帳を一緒に置いていたので通帳の磁気が消えたらしい。最新の情報が磁気の消去により印字されなかった。彼も預金の仕組みが理解できているようで嬉しかった。彼は50歳になったがどんどん知識を増やしている。

3. 大いなる道草　筑波大学博士課程に入学

筑波地域は日本の中核的な研究都市で沢山の研究者が働いている。筑波大学で彼らに博士号を取得させるプロジェクトができて募集が始まった。当時、筑波大学、農学研究科のH教授と植物の生長ホルモン等で共同研究をしていたご縁もあり、〝広瀬さんも参加しませんか〟とのお誘いを受けた。会社業績も安定していたので、思い切って受験した。

十数名の教授の前で過去の研究実績と、大学でのやりたい研究等の発表が中心だった。日本テルペン化学時代のテルペン類に関する化学合成の研究実績を発表した。たくさんの質問が出たが、化学反応は私の得意分野なので、困ることはなかった。貴方の出身研究室は何処かと尋ねられたので、関西学院大学、理学部、O研究室ですと答えた。

M教授は素晴らしい研究室ですね、貴方は合格ですよと答えられた。まだ面接中にもかかわらず、合否について言及されたのでびっくりした。後で、M先生はO先生と仲の良い友人だと分かった。O先生の弟子が筑波大学を受験しているのを知り、M先生も驚かれたようだ。受験生の中には大変な緊張から質問に答えられない人もいたそうだ。H教授の話では、トップクラスの合格（お世辞）と言われた。

●多彩な学生との出会いと歓迎

目出度く筑波大学、農学研究科応用生物化学専攻、博士課程に平成9年度に入学できた。55歳での入学となった。学生の両親よりも年上の同級生なので、学校で順応できるか少し心配した。

しかし、同期では修士課程の入学者に定年を迎えられた校長先生が入学されていた。また社会人の女性（Fさん）が3年生に転入され、H研究室で研究をされていた。彼女は非常に活発な学生で、どんどん新天地を開拓されていた。

H研究室は人気の研究室で博士コースの同級生だけで5名もおられた。若い人たちの中でやっていけるか心配もしていたが、大学に出向くと学生たちが集まってきて歓迎してくれた。また、2名の助手の先生も歓迎してくれた。他の教授からも歓迎されて、当初の心配は吹き飛び、楽しいスタートを切ることができた。

学生も先生方も、異色の学生が入学したので興味があったのかも知れない。優秀な学生達との交流もでき、当社にも2名の学生が後日入社された。色々な学生さんと話し合えて楽しい学生生活を送れた。研究室でのボウリング大会、釣り大会、呑み会、麻雀大会等々楽しくさせて頂いた。特にH教授には色々とお世話になった。

人間関係とは別に学術面で対応できるかの心配もあった。関西学院大学理学部の修士課程を25歳で卒業後企業の研究部で2・5年間の研究生活はあるが、生産部8年、営業部8年、会社経営12年で、長い間（28年も）本格的な研究活動から離れている。専門の有機化学分野ならば自信はあるが、農学分野での研究に一抹の不安があった。

それでも卒業後の30年間も何らかの方法で研究活動にも関わってきたので、自信だけはあった。相当異なる経歴で、同じ目的（研究活動）で若い人たちと同条件で目的が果たせるか不安はあったものの、時間は掛かったが、何とか対応できたと思っている。博士論文についてはH教授からも褒めて頂いた。

●博士論文

博士論文のテーマは上手く進まず途中で中止して、次々と変更した。当初は植物の搾りかす（共同研究のテーマ）を小糖化したオリゴ糖が植物生長ホルモン様の活性を示すことから、この方面（大学との共同研究）での博士論文を目指したが、分析面と小糖化の技術確立が難しく、途中で諦めた。

自社でイモ類に含まれる成長ホルモンを研究中に、4-クロロインドール酢酸がサツマイモに含まれていることを見つけた。本物質は名古屋大学のM教授が松ぼっくりに含まれているのを初めて発見された有名な物質で、ハロゲンを含む天然物として注目されているが、松ぼっくり以外は見つかっていない。会社では企業化できそうな研究に絞られるので、本物質の合成研究とか、サツマイモの肥大物質としての研究をスタートさせた。フィールドテストは1年に1回しかできないので短期間で論文が書けるような結果は得られない。

サツマイモ以外の根茎類にも4-クロロインドール酢酸が含まれている兆候を掴んでいたが、この種の基礎研究は企業ではやり辛い面もあり、本テーマも途中で諦めた。

H研究室では長年にわたり成長ホルモンの研究をされており、二重結合を持っている二糖であるレピジモイドは構造決定され、22工程もの反応を経て合成もされているが、

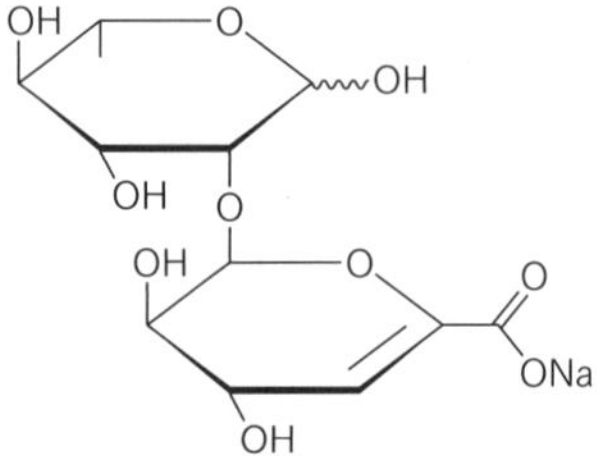

レピジモイド

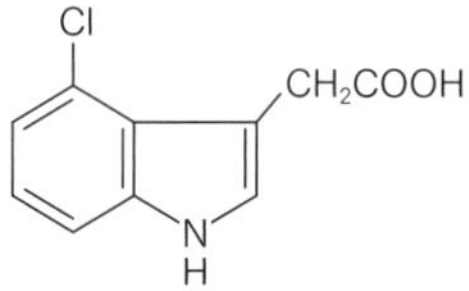

4-クロロインドール酢酸

簡便な合成法が求められていた。

このテーマが三度目の博士論文テーマとなった。食材のオクラから粘性多糖を抽出し、天然物の粘性多糖からレピジモイドの簡便な合成に成功した。レピジモイドの異性体の立体化学も明らかにすることができ、論文2報を書き上げることができ、目出度く博士論文が完成した。

論文名2報

・Title：Preparation of a growth-promoting substance, lepidimoic acid, from okra pectic polysaccharide Hirose, K.; Kosuge, Y.; Otomatsu, T.; Endo, K.; Hasegawa,K. Tetrahedron Lett. 2003, 44, 2171-2173.

・Title：A convenient synthesis of lepidimoide from okra mucilage and its growth-promoting activity in hypocotyls Hirose, K.; Endo, K.; Hasegawa,K. Carbohydrate Research 339 (2004) 9-19

気が付けば、学生兼社長生活が7年も続いたことになる。

博士号取得については課程博士（博士課程に入学し、所定の単位を取得し、論文審査に合格）と論文博士（優秀な論文を提出し審査して貰う）の方法がある。大学卒業後も研究室（関西学院大学、理学部）に出入りし、O教授（化学反応、ペプチド化学）とN教授（化学反応、天然物化学）とは研究の話をしていた。新規化学反応（テルペン類の新規化学反応）も沢山見つけていたので十分に論文博士の可能性はあるので早く博士論文を持ってきなさいと催促されていたが、日々の仕事の多忙さから論文を書かなかった。当時は論文博士が沢山認められていたが、最近は課程博士が主流である。

博士論文については「テルペン類の新規化学反応」「4-クロロインドール酢酸の根茎での分布と生理活性」の2テーマでの博士号取得の可能性があったが二つのテーマについては論文にしなかったので後悔が残っている。

大学での研究は学術的に価値があれば続けられるが、企業の研究室では上司の積極的な賛同がなければ続行は難しい。特に、収益に繋がらない基礎研究は非常にやり難いので研究テーマは限定されてしまう。やりたいけれども中止したテーマについてはいまだに未練が残っている。60歳位で定年になっておれば小さな研究所を作って研究を続けたかも知れないが、79歳での退職では気力がなくなってしまった。

博士課程での単位は関西学院大学修士課程での取得単位も認めて頂けた。筑波大学での授業は15時から18時頃までに終わるので新幹線での日帰り通学ができた。通学日には5時台の地下鉄に乗り、帰宅は24時前になったが、新幹線で睡眠は取れた。

論文は2報が必要であり、Tetrahedron Letters と Carbohydrate Research に投稿した。2報目はアメリカの教授から親切なアドバイスを受けた。H教授から論文の掲載はまだかと催促が来た。翌年の3月で農学部がなくなるので、早く提出するように要請された。同時期にアメリカから2報目の Carbohydrate Research の掲載通知書が届き、学位取得日は平成15年12月31日で、翌年の3月末に筑波大学博士課程を正式に卒業できた。ギリギリ農学部の廃止前に、提出できた。親切に掲載指導をして頂いたアメリカの教授に日本人形を送ったら、妻が非常に喜んでいると丁寧なお礼状を頂いた。

7年間に及ぶ苦しい時間に終止符を打つことができた。大変な人生の遠回りをしたこととなるが、貴重な経験をさせて貰った。

小学校5年生の時に「神は科学ではないか」と思い始め、挫折に見舞われながら何とか科学への道にしがみ付き、筑波大学で学位を取得し、筑波大学で3年間講義をさせて頂き、小学生の頃に抱いた大志は達成されたような気分になれた。気が付けば65歳である。76歳まで神戸天然物化学の社長を続け、79歳で取締役会長も引退した。リーマンショックもあり予定より長く働いたが、私の労働時代を無事に乗り切ることができたのは有難いことである。

仕事関係では博士取得者は沢山おられたので、特段のメリットはないと思われる。ただ、高等学校の同級生とか、銀行とか役所関係では博士取得者はほぼいないので、それなりの信用は得られた。家内は入学にも反対していたので、無駄なことをしたと思っていたが、娘は尊敬していたようだ。

博士取得は邪魔にはならないので、自分が満足できればそれで良いのだろう。それでも家内には迷惑を掛けたが、7年間の苦しい時代を乗り切れた満足感に満たされた。

4. 家内との思い出と離別

家内は70歳位から体調を崩し、色々な病院に通い始めた。病院を頼る癖があるので通院する病院がどんどんと増えてくる。若い頃の盲腸の手術と耳の手術、最近の白内障(両眼の手術)、膝人工関節手術（左右)、胃瘻手術等沢山の手術をしてきたが、いずれも成功し長生きできると医者からは言われていたので安心していた。家内は私より長生きするものと勝手に思っていたが、２０２１年６月15日に急性心不全で亡くなってしまった。何とか日々の生活は続くと勝手に思っていたのが間違いで、もっと冷静に考えるべきだった。

●大家族主義と結婚

両親は私が小学校４年生の頃に２回目の独立を果たし広瀬屋(食料品と燃料の小売店)を両親と姉の３人で開業した。

仕事は多忙を極めたので人手が足りない。両親は家族総出で仕事をする体制を作った。私も小学校の低学年時代から畑仕事（近所に沢山の畑を借りていた）を手伝い、父の独立後は休日とか学校からの帰宅後は配達等の力仕事の手伝いをさせられた。妹も店の手伝いをさせられていた。事情は知らないが、長女夫婦を奈良県から呼び戻し、姉を手伝わせていた。二女が結婚すると夫婦で同居し、働くようになった。三女の妹が結婚すると妹夫婦も同居し手伝わせるようになっていった。両親と娘3人を中心とする大家族制度が広瀬屋を支えていた。

親族で仕事に対応しているので、団結心も強く事業は順調に推移していたが、外部から入った姉妹の旦那様方はしんどい立場ではなかったかと思われる。私は両親に対抗し化学の道に進んだので広瀬屋の跡継ぎは諦めてくれたが、広瀬家の長男に変わりはない。私が結婚すれば、当然嫁は広瀬屋を手伝うと皆が思っている。何となく結婚すれば難しいことになりそうな予感がしていたので結婚には消極的にならざるを得ない。何件かのお見合い話があったが、家族構成から話は進まなかった。私にも上司とか知人から話があったが、断っていた。

心配した母親が教会の紹介でお見合い相手を探してきた。家内は長崎県佐世保市でクリーニング店を営む1人娘で大切に育てられ、我が家とは相当環境が異なった。

お見合いから（遠距離なので）3回ほど会い結婚がまとまった。何かあれば母親が何とかしてくれる程度の軽い気持ちで結婚した。家内も母親を頼りにしていた。ところが母親は婚約中に亡くなってしまった（66歳）。

父親は身勝手な性格があり、病気の母親に自分の身の回りの世話をさせていたので、「病気の母親に何をさせるのか」と父親を叱り飛ばしたことがある。それからはしなくなった。父親は悪い人ではないが、気難しく勝手気ままな性格だ。

何も言わないが家内も父親の身勝手さには悩まされていたのだろう。父親を立ててくれていたが、本心は嫌がっていたと思う。

●夫婦喧嘩の原因

結婚後、1年程経った頃に父親から呼び出され、突然離婚しろと言われた。驚いた私は「結婚する時は早くしろと賛成しながら、今度は離婚しろとはどういうことか」と父親を叱り飛ばした。父親は黙ってしまったが、家内はもっと辛い立場にあったと思えるが、嫌なことは一切言わない。恐らく、家内と家族とのもめごとがあったと思える。

家を出るしか方法はないと決断した。丁度、土山工場への転勤命令が出ていたので、工場内にある社宅に入居させて貰った。6畳二間の古い社宅だが、色々なしがらみから解放された。しかし、家を出ても、一旦負った心の傷は簡単に癒えるものではない。家族と家内の関係は気まずいものになっていった。

工場では35名の部下の相談にも乗る必要がある。工場長は週に一日しか出社しないので、実質的に工場の責任は全て私にのしかかる。工場は三交代で24時間動いているので、私の仕事は多忙を極めた。

家でも化学の勉強とか文献の調査等々で忙しくしている。工場の部下との交流も必要で、当時は麻雀に興じていたりしたので、家内との会話の時間も少ない。私が忙しくなることには反対で、家内は貧しくとも温かい家庭を望んでいた。家内はプライドが高く、自分から友達を作ったりするのが苦手で、家庭生活を大切にするタイプなので、私の多忙な生活を理解できずに不満が募っていた。

私の創業にも大反対だし、サラリーマン時代よりも忙しくなったので、ストレスは増えたのかも知れない。

また、彼女は常に亭主の浮気を警戒しており、痛くもない腹を探られる。女性社員と買い物に行ったりすると大変である。どうすることもできずに喧嘩になる。お互いに頑固なので夫婦喧嘩が始まると収まらない。1カ月近く口を利かないこともある。しかし、不思議なことに毎日食事は作ってくれるし、家事には手を抜かない。陰で家庭を支えてくれていた。

長男が生まれて重度の障害児と判明してからは子供の教育方針で、さらに喧嘩をするようになった。また、私が実家に帰ったりすると機嫌が悪い。色々と考えてみると、「家内の嫉妬」「私の多忙」「子供の教育方針の相違」「私の実家との確執」の4項目に大別されて、これらが原因となり喧嘩をしていた。

決して夫婦の直接的な関係が悪い訳ではない。外部的な要因が我々を苦しめている。

会社設立後10年が過ぎた頃に子供も大きくなり、我が家も狭くなったので家を買って欲しいとの要望が家内から出た。会社の経営も順調に発展していた。初めての要望なので適切な家を探すことになり、不動産会社から情報を集めて、見学をすることになった。

●住宅購入

ＪＲの東加古川駅の近くで、１００坪弱の土地に積水ハウスのかっこ良い家（中古）が建っている。確か９０００万円程度で売りに出ていた。家内と娘は買って欲しいと願っていた。ところが交通量の多い国道2号線に面している場所なので、多動で障害のある長男を育てるのは難しいと私は反対した。

子育てのし易い住宅地で探そうと思い、当時開発が進んでいた神戸市西区の地下鉄西神中央駅の近くで探し始めた。当時はバブル崩壊後の不景気で売り物件は沢山あったが、値段は下がっていなかった。静かな場所で子育てには申し分のない場所と思えた。家内も娘も大賛成をしてくれた。

東加古川の物件より少し価格は高いが購入することとした。見学とか契約については家族４名が日産マーチ（娘の車、１０００㎖の小型車）で出向いていた。私も既に55歳で早く借入金を返済したいので56万円／月のローンを組んだ。不動産会社の営業マンからは不審がられ、大丈夫か（払えるのか？）と何度も念を押された。これで夫婦喧嘩は暫く休戦することができた。

利益で会社を拡大するのなら安心もできるが、借入金で拡大し、竣工式を次々と実施しているので気の小さい家内は心配が絶えない。私は経理も勉強しているので、経営に自信もあり、大きな心配はしていないが、家内は大変な心配をしていたようだ。

●娘の病気

娘が小学校の5年生の頃に高熱を出した。家内は心配し、直ぐに近くの医者に連れていく。風邪との診断だ。2日経っても熱が下がらないので今度は別の病院に連れていく。そこでも風邪と診察される。3件目の医者でも風邪と診察された。私は楽観主義者なので3名の医者が単なる風邪と言っているからと心配していなかったが、家内は4件目に総合病院の県立加古川病院に連れていった。

医者からは川崎病と診断され、大変な病気でそのまま入院となった。家内は医者からもっと早く連れてきなさいと叱られた。遅れたら命はないと脅かされた。この件では心配性の家内に助けられた。入院は長引いたが完治できた。家内に感謝である。

●家内の病気と介護

家内は40歳位からリューマチを患った。早期発見で極端に悪化することもなく推移していたが、２０１７年頃から家内の調子が良くない。当初は持病のリューマチが悪化したと思っていたが、なかなか良くならない。あちらこちらの病院を渡り歩いたが、原因は分からない。70歳の頃に膝関節の痛みを訴え始めた。医者の勧めにより両足の膝人工関節手術を実施した。手術は成功したが徐々に歩行は困難になり、全身の痛みを訴えるようになってきた。

　直感的にリューマチが悪化したと思えた。リューマチの薬は次々と開発されているが、20年来同じ薬のリマチルが処方されている。最近はリューマチの薬はたくさん開発されているので、コストは掛かっても良いからもっと有効な生物製剤を使って貰えないかと先生にお願いした。

　先生は外科専門の先生なので、免疫血液内科と脳神経内科を紹介してくれた。免疫血液内科ではリマチルは良く効いており、治療は適切だとの診断が下った。不思議なことに痛いと言う場所は傷も炎症もないので、何となく脳の異常かも知れないと素人ながら考えていた。脳神経内科の診察は長く掛かったが「脊椎小脳変性症」と診察がされた（２０１８年８月）。国の難病に指定されており、薬はあるがあまり効かない。この病気は全身の筋肉が衰えていくので、先生からは４～５年は大丈夫と思うが覚悟しておきなさいと告げられた。リハビリに力を入れなさいと指導がされた。

当初は２Ｆで寝起きをしていたが、介護が必要になってから、介護用のベッドを買い１Ｆでの生活が始まった。ベッドの横に布団を敷き、私も介護体制を取った。昼間は家政婦さんを採用して対応したが、夜の介護は私が引き受けた。

社長退任後から本格的に介護に取り組んだ。家内は夜と昼との逆転現象も起こり、夜は２時間ごとにトイレで起こされる。本人はトイレが終わっても目が覚めているのでなかなか寝付いてくれない。家政婦さんは来てくれるが昼間の８時間程度、週に５日だけだ。残りの16時間と休日は私の担当だ。

元々は76kg程度の体重が４年間程度で53kg程度まで痩せてしまった。これだけ痩せると脂肪と共に筋肉もなくなり、皺だらけになってしまった。介護以外にも原因があるのかも知れないが、睡眠不足が大きな原因の一つと思われる。

家内も色々な筋肉が衰えるので上手く喋れなくなったり、字も上手く書けない。食事も呑み込めなくなったり、排便問題とか困ったことが次々と出てきた。それでも亡くなるとは思わなかった。介護が必要となり、社長を引退して私が介護をし始めてから、夫婦喧嘩はなくなった。病気をすれば私から見放されると思っていた節があるが、意外と小まめに病院通いとか介護をしてくれるので感謝の気持ちが出てきたようだ。時々、滋賀県から娘が手伝いに来てくれるが、このままでは共倒れになると提案し、有料老人ホームを探すことになった。家内も納得してくれた。

２０１９年３月にドマーニ神戸に入所できた。私が76歳の時（２０１８年６月）に社長を引退し、激務から解放され、さらに79歳の時には会長職も引退（２０２１年６月末）が決まった。これからは介護にもっと力を入れると家内に約束した。家内は何か「もぐもぐ」と言っているが理解できない。そこで自作の文字盤で確認すると、「仕事を辞めて寂しくなりますね」と言っていた。

私の仕事を忌み嫌っていた家内が私をねぎらうようなことを言ったので、娘と２人でびっくりして笑ってしまった。

新型コロナウイルスが蔓延しており、施設からも月に１回３泊４日の帰宅は不思議と許可されていたが、入所後暫くすると施設への家族の訪問は禁止された。月に２回程度の病院への付き添いは許可されたので、病院で半日程度の付き添いができた。別れる時は送迎車が見えなくなるまで手を振ってくれた。

ある時に施設と家とどちらが良いかと尋ねると、家が良いと言ったので、コロナ禍が収まったら家での生活を増やしましょうと約束した。施設もよくしてくれているが、他人ばかりなので気を使うらしい。娘にヘルパーさんたちの親切度のランキング表を作って渡していた。家では自由に天下を取れるので家が良いのだろう。

２０２１年６月15日はリハビリの日で看護師さんが血圧、脈拍、酸素濃度を測定し、全て正常で１時に元気に手を振って別れたとのことだった。その後、ドマーニのヘルパーさんが３時15分頃まで出入りをしていて、元気にしていたそうだ。３時45分にヘルパーさんが訪問すると息をしてないことに気付き、施設の医者に連絡した。家内も私も先生とは懇意にして頂いていたのでびっくりされた。急性心不全としか言いようがないらしい。

家内も体が辛いから、「苦しむことなく早く死にたい」と言っていたが、本人の希望通りになってしまった。

誤嚥の傾向があり、ドマーニの先生からも胃瘻手術を勧められ実施した。これで長生きできますよと言われていたので、安心していた。家内の方が私より長生きすると勝手に思い込んでいたが、近くにいながら（車で20分）家内の死に目にも会えずに突然亡くなってしまった。

元気な時は、障害児の長男（研治）の心配をしていた。私は彼の能力を高める努力と、彼の就職と老後の資金作りに力を入れていたが、家内からは常に責められていた。研治の同級生たちは施設に入所している。どちらが良いかは分からないが、親の死後も施設の方が少しは安心であり、隣の花は綺麗に見えるので、研治の施設への入居を勧めたりする。

しかし、私たちは子供と一緒に生活をしたいし、子供も施設に入るのは好まないだろうと思っていた。

不思議なことに介護が必要になる頃から、長男の心配をしなくなった。長男は私よりやかましく指示をする母親の言うことに従っていたが、母親からの指示がなくなったので、母親と長男との関係は幾分疎遠になってしまった。

家内に理由を聞いたことがないので分からないが、病気をすることにより色々な心配ごとが消えてしまい、気楽な性格に変身したように思う。内科、皮膚科、整形外科、歯科、眼科、泌尿器科、耳鼻咽喉科、免疫血液内科、消化器外科、脳神経内科、肛門科等々に通い、病気の辛さを体感したが、神経質な性格からは解放されたと思える。

お陰様で夫婦喧嘩はなくなり、晩年はお互いを気遣う夫婦生活が送れた。「終わり良ければ全て良し」と勝手に思っている。勿論、家内は病気の辛さに苦しんだのは確かだ。

●家内との別れ

週に何度かは仏壇に手を合わせて線香を手向けて拝むようになった。遺影に向かって「私を置いてどこに行ったのか」と聞いているが、勿論、返事はない。障害児の研治に聞くと「お母さんは天国に行った」と言う。死後は黄泉の国に行き、人間界での善行により天国とか地獄に配属されるとか、月にはかぐや姫の故郷があるとか、死ねば星になるとか言われている。

科学的にはこんなことはあり得ないだろう。家内は死亡し焼却されているので、脳も肉体もなくなっている。人類は月にも到達しているが、月にかぐや姫の国などはないし、宇宙空間に存在する星の観測も進んでいるが、人間が星になるなどとは馬鹿げた話だ。それでも、死んだら魂は残ると人は言う。魂とは何なのだろうか。個々の人間は意思を持っている。魂とは意思のことだろうか、人間は死ねば脳も体も失われるので、意思もなくなると思える。

輪廻転生、人は死ねば生まれ変わるとも言われている。人間は有性生殖で子孫を増やしているので、同じ遺伝子（設計図）を持った人間（クローン）が生まれる訳ではない。それでも親子の場合は遺伝子の1／2は片方の親から与えられるので、よく似た子供が生まれるし、叔父さんとか叔母さんの遺伝子も1／4は遺伝するので、叔父さんとか叔母さんによく似た子供が生まれる可能性は大きいが、同じ遺伝子（クローン）ではないので彼らの生まれ変わりではない。

死ねば全てがなくなるのだろう。そのように考えると、仏壇にご飯を供え、お花を供えて手を合わせて拝むのは、全く合理性はない。家内が亡くなって2年が経過するが、お花を供えて拝むのを続けているのは何故だろう。理屈を大事にする私も、訳の分からないことを続けている。

仏壇の前に座ると、昔のことが思い出され、その空間に話しかけている。何処に行ったのかとか、子供の成長を報告したり、日々の出来事を報告したりしている。そこには家内もいないので空しいものを感じるが、精神的には落ち着けるような気がする。全く理解できない現象に対しては、不合理なこと（空想）も時には必要なのだろう。

仏壇の前に床の間があり、家内は花が好きだったので花を生けるようになった。水を毎日替えると長持ちすること、大好きなユリの蕾（生け花）が満開に開いた時は感動した。

花粉が落ちると、花弁も続いて落下する。また、白色のトルコ桔梗が濃紺に変色し、強烈な香りを楽しめたのはストックの花だと気付いた。床の間の生け花にも小宇宙があり、色々なことに気付かされる。

家内は生け花教室にも通ったりしていた。私は興味がなかったが、最近は花を買いに行くようになった。店員さんにも色々なことを教わっている。

夫婦仲も決して良い方ではなかったが、50年も生活を共にし、２人の子供を育ててきた。家内はいなくなったが、その思い出は私の巨大な記憶装置（脳）に残っている。いずれ、遠くない時期に私も死去するだろう。その時には私の記憶装置も喪失するので、彼女が生きた痕跡も徐々に減っていくのだろう。

老後人生編

「おまけの人生の過ごし方」

自分の自我とか生活信条を他人に喋る人は少ないので分からないが、理系に進んだ人たちには、私と同じような考えの人が沢山いるのではないかと思っている。
私の夢は研究者になることであり、その道へのチャンスも人生には複数回あったが、気が付けば、異なる道に引きずり込まれていた。

しかし、基本的には研究者の道を歩みたいと思っているのでサラリーマン時代も研究にしがみ付き、退社後は研究開発会社を設立している。さらに、筑波大学の博士課程に入学するなど、私の人生は私の自我を基本として過ごしてきた。しかし、社会生活を営む上で安定した収入も必要であり、研究員の周辺を迷走した人生を構築してきた。
目標を達成する為には手段（生活信条）が大切となる。人生には「危ない橋を渡らずに、細く長く生きる方法」と「困難にも挑戦し、太く短く生きる方法」がある。私は「困難にも挑戦し、太く短く生きる」ことを大切なモットーとして過ごしてきた。

何時頃からこのような考えになったかは定かではないが、恐らく高校進学を父親から妨害された頃ではないかと思っている。一度しかない人生なので思い切り生きたいとの思いからこのような考えを取り入れたと思われる。

私は性格的に気が短いけれど、心配性で小心で弱虫だと思っている。しかし、高校時代の柔道部で弱虫の部分は一部改善され、自信が付いたのかも知れない。しかし、大切な自分の人生を思い切り生きたいし、その為には多少のリスクも乗り越えるべきだと考え「太く短く」を実行してきた。

子供の頃の夢とは少しずれてしまったが、お陰様で面白い人生を歩めたと思っている。79歳まで取締役会長として在籍し、現在は気楽な最高顧問となり、気が付けば81歳の老人になっていた。

現在も何とか元気に暮らしているので、考えてみれば「太く短く」と思っていたが、「太く長く」になっている。「太くとか細くの人生方針」は自分で決めることができるが、「長く（短く）生きる」は寿命なので自分で決められないことに最近気が付いた。81歳の日本人男性の平均寿命を元気に通過したので「太く長く生きた」ことになる。

ならば「太く長く生きる」を今後は生活信条とし、暫くは欲深くこの世界で居座りたいと思っている。しかし、81歳になる老人で「太く」は心許ないので、今後は「細く長く」が生活信条になるのかも知れない。

1. 研究員人生からの脱線

小5の夢は兵庫高校から京都大学に進学し研究者になることだったが、父の妨害で夢野台高校へ早くも受験校を変更させられた。勿論、私の能力と家庭の事情から夢の実現は無理だったと思われるが。幸い、1年遅れではあるが、関西学院大学理学部に入学でき、修士課程まで進み、化学会社の研究部に入社できた。しかし、尊敬する研究部長は退職され、2・5年後には生産部へ転出となり8年、早くも研究員生活から脱線してしまった。さらに、営業部で8年を過ごし、退社して研究開発会社を設立し36年間は経営の道に進んだ。

残念ながら、研究員生活からは離れてしまった。しかし、研究員の近くで人生を構築してきた。

趣旨は異なるが、社内にはボランティアで子供たちのサッカーチームの指導をしている社員もいた。私にはそのような能力がないけれども、奉仕活動は素晴らしいと思えた。

●理系のよく似た人生

私の周辺には理系の人が沢山いる。何故理系に進んだのかとか人生について彼らと話をしたことがないので分からないが、時々は漏れ聞くこともある。私と同じように跡継ぎを強要されたのが嫌で理系に進んだとか、自分は勉強ができないが科学だけは必死で勉強したという人は沢山おられる。

大学の同級生でも理系の科目は圧倒的に良い成績を取るが語学は全くダメという人もいた。彼はお父さんと会社を作るといって途中で退学された。その後の消息は分からない。

当社の社員でも私とよく似た考えの人がいた。新工場とか研究所が完成すると、神主様をお呼びして、安全祈願祭を催す。彼は無神論者なので、そういう時は機嫌が悪い。彼から質問が来た。〝神様は何処にいるのですか〟。私も間髪を入れずに〝山には山の神様、川には川の神様、工場には工場の神様がおられる。我々も工場で事故が起これば困るので神様に安全操業をお願いしている。君も事故が起きれば困るだろう〟と返答した。彼は分かりました（分かっていないと思うが）と答えて、儀式に参加した。神様の部分は別にして、工場の安全は我々の共通認識で彼も反対はできない。私も彼と同じような考えだが、人を説得する時は不合理な考えも強行すれば通用するものだ。彼らが何故、理系に引かれたのかは聞いたことがないので分からないが、私と同じような考えの人もたくさんいたかも知れないし、科学が人を引き付けるのかも知れない。同じような仲間がたくさんいるのは心強いことだ。

●何故私は夢を実現できなかったのか？

私の周囲には異なる考えの人が沢山いる。私は研究員を目指したが、父は私を跡継ぎに選び商人に育てようとした。私の進学校入試も阻止した。また、父の商売が私の邪魔をした。化学会社の研究部に入社できたが、2年後には生産部へ、10年後には営業部への転勤を命じられた。会社では私の人事権を上司とか人事部長が握っている。16年間を生産部と営業部で過ごすことになった。サラリーマンには人事部の方針に従うか退職するかの二者択一の選択しかない。自分の方針で自分の人生を決められない現実がある。もし、取締役研究部長が退職されなかったら、私は研究部で活動できた可能性は大きい。

私の人生は色々な人から影響を受けるので、よほど強い意志と運がなければ人生は守れない。私の人生を第三者が決めるケースも多かった。生産部への転勤には工場長が関与したし、営業部への転勤は常務取締役が関与した。勿論、人事部も同調している。会社では自分の望む道を自分で選ぶことはできない。色々な人が私の人生を妨害するが、彼らの意見の方が正しいこともあるので難しいものだ。

研究開発会社を設立すれば思い切り研究ができると思って独立したが、現実は厳しく社長となり営業、経理、人事等を担当する羽目になった。研究開発会社を設立したが私の担当は経営になってしまった。少し悔しいので筑波大学の博士課程に進学して博士号を取得した。二足の草鞋を履いたので当時は苦しい生活となった。

もう少し若ければ、退職後に趣味として研究所を作って化学とか生物分野の研究活動をするのだが、気が付けば81歳となり、記憶力は極端に低下し、知力、体力、気力面で無理と悟っている。残り少ない人生は趣味として1人でできる小さな研究を楽しみたいものだ。

●理想と現実

小5の時に見た夢（研究者になること）は近くまで進むが実現しなかった。人生には1番手の理想が無理でも2番手、3番手の現実も用意されているので面白い。

修士課程卒業時に、指導教授から博士課程に進みたいのなら北大かMITなら推薦状を書いてあげると言われた。私の本心は博士課程に進みたいと思っていたが、何時までも父の世話になりたくない現実があり、就職の道を選んだ。

2年後輩のN君がMITに進み、素晴らしい人生を送っている。何故、MITの道を選ばなかったのか悔やまれるが、同時に二つの道を選べないのでどちらが良かったかは分からない。現実の道も面白い道だと思うので、現実の道が良かったと思わなければならないだろう。

サラリーマン時代にもある大学からお誘いがあったがその道へ進まなかった。理想は追い求めるが、現実は理想と異なる道も選ぶので複雑な人生を歩むことになった。

2. 生活信条

小5の時に目指したのは研究員で、ある時期は研究に没頭した時期もあったが、就職後の大半は管理職とか経営者の道を歩んできた。

会社設立後は「私達の目標」、「年次計画」とか「中期計画」を立案してきた。計画は立案するだけでは意味がなく実行が求められる。その為には多少のリスクがあっても、思い切って実行することをモットーとしてきた。

●人生の生き方（太く短く）

「太く短く」のモットーに従い、色々なことに挑戦してきた。少し例を挙げると、せっかく入学した大学の工学部化学科ではあるが、「親に無断で4カ月後に退学し浪人となった」。このことは初めての両親への反抗だったかも知れない。「43歳でサラリーマン生活に別れを告げて、父親と家内の猛反対を押し切り3名で神戸天然物化学を設立した」。

この決断も人生を左右する大きな決断だった。
「次々と工場を建設して３００名の会社に発展させた」。これらの仕事に於いてもたくさんの決断が刻まれている。その間にもたくさんの楽しい経験ができた。専門分野の有機合成化学で創業したが、「バイオ分野とペプチド・核酸分野にも進出したくて多額の投資をして進出した」。社内からも相当の反対があったが押し切った。

　また、「55歳の時に筑波大学の博士課程に入学」して社長と学生の二足の草鞋を履き、厳しいが楽しい生活を送れた。

「アメリカと中国に子会社を設立したり、国内の会社を買収した」りしたが、残念ながらこれらの会社は解散したり売却したりとなってしまった。たくさんの失敗もしてきた。その時は苦しいが、今となっては素晴らしい経験だ。

　しかし、「太く短く生きる」モットーのお陰で自由奔放に人生を楽しむことができた。

　私の「自我の確立」と同じく、このモットーも私の大切な行動指針となり、人生の岐路に於いて厳しいけれど、より面白い道を選び、人生を過ごすことができた。このモットーも私の宝物となった。色々な失敗もしてきたが、社員にも助けられて神戸天然物化学の基礎ができ、私の人生も面白いものとすることができたと喜んでいる。

もし、「細く長く」を生活信条に選んでいたら、魅力のない人生を歩んでいたかも知れない。

●寄り道を楽しむ

子供時代に家業の手伝いを強制され苦しめられたが、家業の手伝いも真面目に取り組んだ。お陰で体力は強くなり、仕事を通して色々な大人の人と話すことができ、人見知りの性格は改善され、徐々に社交的になった。嫌々で入学した高校だが、柔道部に入部でき人生に自信ができた。また、化学と生物の先生に恵まれ、将来の仕事を見つけることができた。志望校とは異なる高校への入学となったが、それなりに楽しい高校生活を送れた。

遠回りをしたが浪人を経て関西学院大学理学部に入学でき、化学を学ぶことができて日本テルペン化学の研究部に就職できた。仕事には没頭でき成果も挙げることができ、取締役研究部長のM氏には気に入られたが、事故の責任を取られて、いさぎよくさっさと退職された。M先生も実力があるので大学教授に転職できたのだろう。

その後、生産部とか営業部への転勤を求められた。希望しない職種ではあるが一生懸命取り組んできた。研究会社の神戸天然物化学を設立したので、研究の仕事がたくさんできると思ったが、営業、経理、人事、経営等の私としてはやりたくない仕事の担当となっていた。

しかし、これらの寄り道の仕事を通して人間の幅は広まり、会社の設立とか発展には大きく役立ったのではないかと思っている。

嫌な仕事を受け入れることにより人生の幅が広がり、私の人生を豊かなものに変革してきたように思う。管理職とか経営者になれば幅広い知識が求められるので、「寄り道で幅広い知識を身に付けることも大切だ」、と最近は思うようになった。

●人生は支え合い

人様に迷惑を掛けない、控えめな人生を求めてきた。また、色々な要求に対しても受け入れてきた。自分の自我も通したので、その結果私の仕事は、ドンドン増えていった。

学生時代も、〝お店のお手伝いをして偉いね〟と奥様方から褒められたりしていた。

直接的に私を助けてくれる人はいないが、何となく応援してくれる人はいたのではと、最近は思っている。

関西学院大学理学部に合格した時は家族も喜んでくれたし、私の努力を認めてくれた。大学院を卒業する時も教授から、博士課程に進むなら推薦状を書いてあげると言って頂けた。日本テルペン化学を退職した時も、大学とか何社もの会社から入社を要請された。叔父さんからもボウリング場の支配人への要請もあった。博士号取得についても、２校の大学の教授（３名の教授）から論文博士の取得を勧められたし、Ｈ教授からは博士課程への入学を勧められ、筑波大学の博士課程に入学した。

　神戸天然物化学を設立してからも人様の２倍は働く努力をしてきた。たくさんのお客様とか納入業者、行政、銀行、社員に助けられ、私の人生が華やかに形成された。私も無意識ではあるが、人様に迷惑を掛けないような人生を歩んできた。父親とは戦ってきたが、父の生き方の一部は学んでいたのだろう。

　何気なく生活をしているが、日本テルペン化学の退職時に色々な会社の管理職の人とか社長から熱心な勧誘を受けたので、普段から私は観察されていることを知った。その時は行動を起こさないが、状況が変われば行動を起こす。我々の人生は支え合いで成立している。また、敵対した取締役総務部長からは部長職（取締役）で残らないかとの予想外の提案を受けた。敵対はしていたが、役に立つ社員と認識していたのだろう。私たちは普段から多くの人達に観察されて生活をしているのだ。意識はしていないが普段から良好な人間関係を構築し、或いは尊敬されるような行動をすることは大切なように思う。この行動により支え合いのネットワークが水面下で構築されるのかも知れない。人生のモットーとして「太く短く」に従い色々なことに挑戦してきた。新しい冒険は私に実力を与え進むべき道を教えてくれた。色々な冒険が私の人生を豊かなものにしてくれた。私は静かな人生ではなく激動の人生を選んだが、面白い人生を送れた。これからは細く長くの老後人生を楽しみたい。

3. 人生の反省点と老後

家族の団結は強く、私だけが異なる道を歩んでいるので、家族からの反発も強い。本気で「勉強などはしなくて良いと思っている人たち」なので、話し合っても私に勝ち目はない。大学受験が近づいても、相変わらず配達の仕事がどんどん入る。反発もしたが私の意見は通らない。何分にも育てて貰っているので、これ以上の反発はできない。ここは「両立させる他はなかった」と今でも思っている。

ただ、私は何とか化学の道に進めたが、広瀬家の長男に変わりはなく、家業は多忙なので、結婚すれば家内は家の手伝いをしてくれると皆は期待していた。でも大家族制度の中で、私は別の道を歩み、家内のみを大家族制度の中で働かせるのは難しいと思うので、私は結婚問題に全く自信がなく、積極的な活動ができなかった。

しかし、この件だけは反省している。もっと積極的に活動し、配偶者を自分で見つければ良かったと思っている。親は子供を育てる義務もあるので、もっと反発しても良かったかも知れない。結婚する頃には私も生活力が付いているので、家族の支援がなくても生きていけたからだ。

大家族主義の中で、長男は好きな道に進み、配偶者のみをそこで働かせるのは、基本的に無理だと思われる。実際、我々もそのようになってしまった。

●社長と会長の退任

第34期の株主総会で社長を退任することができた。退任の条件は業績が良くて会社体制が整っていれば安心して交代ができる。当社は研究開発会社で優秀な技術者は沢山育ってきたし、営業部員も育ってきたが、経営的感覚に優れた人はまだ育っていない。社長として部下への経営者の教育ができていない為だ。

省エネ経営としての経営者育成が遅れてしまったし、大所高所から判断ができる事業部長クラスの人材育成が遅れている。そこで外部から取締役事業部長クラスの社員を採用したいと願った。大企業の役員定年は63歳から65歳だが、管理者としてはまだまだ働ける。

そこでお手本になれるような、大企業の役員に取締役事業部長クラスの就任を（先砥庸治、笹本耕一、田中巧、毛利充邦、島児孝三、吉田秀美）お願いをして助けて貰った（２０１７年から）。その間に、役員候補が育ってくれたら有難いことだ。

２０１８年６月の株主総会で社長退任が決まった。３年後の２０２１年６月には取締役会長も退任ができた。皆様のお陰で楽しい労働時期を過ごさせて頂き、退職できたことにお礼を申し上げる。

76歳の時に社長を引退し、家内の介護に全力を投入できるようになった。この間に時間もできたので、創業以来34年間の社史をまとめた。筑波大学時代に教授の指示により本の一部を執筆したことはあるが、小学生の時から国語は最も苦手な学問だ。パソコンの発達により、何とか文章を打てる（書ける）ようになったが、基本的に文才はない。79歳で会長も引退でき経営からも引退できた。残念ながら、家内は私が引退する2週間前に帰らぬ人になってしまった。

社長引退時は家内の病院通い、介護と社史の編さん等の仕事があり、余分なことを考える余裕がなかった。

会長引退と同じ時期に家内が亡くなったので、中度障害児の長男とトイプードル犬との寂しい生活となった。経済的な余裕も少しあるので、家政婦さんには5日／週、3時間程度に短縮して契約を延長した。暫くすると急に時間的な余裕が出てきた。

理由は介護だと思うが、4年間程度で20kg以上痩せてしまい、筋肉も脂肪もなくなり、シワだらけの体になってしまった。

介護の為に休止（4年間）していたスイミングスクールを再開させ、長男と楽しんでいたが、コロナの第7波（兵庫県でも新規感染者が5000人超／日）により再度中止している。体力もなくなったので再開は難しいだろう。第7波は収まりつつあるが、第8波が急速に拡大している。コロナの流行は何時収まるのだろうか。

4. 隠居生活を楽しむ

年寄りではあるが、私にとってはこれからの老後人生が最も大切であり、どのように過ごすべきか考え込む。同級生たちの行動は　①何となくテレビ鑑賞で1日を過ごす　②テニス、ゴルフ、スイミングとかスポーツジム等のスポーツを楽しむ　③将棋、囲碁とか麻雀の趣味　④歴史とか教養の勉強　⑤奉仕活動とかアルバイト等々で活躍している。

おまけの隠居人生なので何をしても良いと思われるが、忙しい人生を駆け抜けてきた者としては、有り余る時間をどのように使うかは大きな関心ごとで、大切に使いたい。人生100年時代だ、老人ももう少し働かなければ社会が崩壊してしまう。私の平均余命は後5年程度だが、父の死亡年齢までは10年ほどある。残りの人生を使って、ネットワークを再構築し、新しい仕事を開拓し、10年後に面白い仕事ができたと思えるようになりたい。勿論、稼ぐ必要もないので社会貢献ができて人々から喜ばれるような仕事をしたいものだ。

老後人生を使って小さくても生産性の上がるような事業に取り組みたいと思っている。幸い健康にも恵まれているので、少しは社会にも貢献したい。同級生のK君もコンサルタント会社2社を現役で経営している。彼は常に夢を語ってくれるし、２０２２年度には新たに2社を設立したそうで、彼のバイタリティには敬服している。

退職すれば自由な時間ができるので、化学の研究所を作り研究を楽しみたいと現役の時は思っていた。何種類かの研究テーマもあるので、老後を楽しみたいと思っていた。しかし、気が付けば81歳となり、大掛かりな研究所を建設し、研究所を管理して運営するのは、とても無理と悟っている。60歳代なら後一仕事ができたかも知れない。記憶力は極端に低下し、気力、体力、知力の衰えは酷くなってきた。

老いは確実にやってくる、社会に可能な限り迷惑を掛けずに、もう少し科学分野の趣味とか仕事に関わることができれば嬉しいと思っている。

先日（２０２２年8月23日）夜の10時頃に左腕と指が動かないことに気が付いた。脳梗塞かも知れないと思った。以前の健康診断から不整脈（心房細動）が有るので脳梗塞予防の薬を服用していた。夜も遅いので、22時にイグザレルト錠（血液サラサラのお薬）15㎎を1錠追加で服用して就寝した。翌朝一番で掛かりつけ医を訪問し診断を受けると、神戸市立西神戸医療センターに直ぐに行けと指示され、そこでCT、MRI、血液検査、心電図を調査して頂き、右脳に5つばかりの血栓が発生しているので脳梗塞と診断された。左腕と指が動かない状況だったが、最悪は左半身不随となり、治療とリハビリが必要になりかねないということで即入院を勧められた。

しかし、コロナの関係で病室の空きがなく、自宅療養となった。24日の朝6時にもイグザレルト錠15㎎を服用していたので、薬を二重に服用したことになる。24日の夜からはエリキュース錠2・5㎎（2回／日）の服用となった。徐々に症状は回復し8月29日に再診を受けたが、左手と指は完全に回復していた。

緊急に服用したイグザレルト錠15㎎が効いたのか、エリキュース錠2・5㎎（2回／日）が効いたのかは分からないがお薬の効果で回復できた可能性が大きい。

左半身不随になると現在の生活が継続できなくなるし、進行中の少しばかりの仕事（ベンチャー企業への投資2件、本の執筆2件、その他）にも復帰できなくなる。80歳を過ぎると何があってもおかしくないので、備えはしておくべきだろう。幸い、何の後遺症もなく生還できたのは嬉しいことだ。与えられた残りの人生を有意義に使いたい。

私の人生は沢山の人に支えて頂いた、残りの人生はお返しができるような人生を歩めたら最高だろう。

５．終活と感謝

まだ会長をしていた76歳の頃に関西学院大学理学部後輩のU君（元神戸大学教授、６歳年下）のお誘いでI君（元海技大学校教授、２歳年下）と３人での食事会を開いて頂いた。ＪＲ尼崎駅近くの都ホテルで開催して頂いた。U君は「自分は病弱なので何時あの世に召されるか分からないので、終活を思い付き友達と会食を開催している」とのことだった。スポーツマンで、現在もスキー、テニスと魚釣りを元気に楽しんでいるI君も「遺影は作ってある」とのことで、後輩が終活まで考えているのには驚いた。

終活は別にしても元気ならば１年後に会食を楽しもうと約束をした。その後、コロナが蔓延して延期となっていたが、２０２２年の６月にU君の提案でS氏（元関学理学部の助手）とI氏（理学部の２期生、元神戸大学職員）を加えて５名で会食を楽しむことができた。

ただ、寂しい終活の会ではなく、幸せで長寿（福寿）の会にしたいものだ。昔の仲間と会うことができ彼らの元気な活動を聞くことにより、我々もエネルギーが得られるのは有難いことだ。昔の友人とお会いできるのは本当に楽しい。

この年になると、仲が良かった同級生も徐々に帰らぬ人が増えてきた。社会からも一人前の大人として扱って貰えないことが増えてきた。本人も体力、知力、気力が衰えて来るので、下り坂の人生を過ごしている。

それでも何か社会にお役に立てることはないかと考えている。

私が長年掛けて構築した「広瀬のネットワーク」も年を重ねると共に、家内を亡くし、仕事も引退し、仲が良かった友人も亡くなるし、両親も姉夫婦も叔父さんとか叔母さんたちも亡くなり、急速に私のネットワークは崩壊していく。

下り坂の人生ではあるが、活力を取り戻したいものだ。

時間の余裕ができると、昔のことが思い出される。特に重度障害児の長男の育児には色々な方にご支援を頂いたのが思い出される。２０２２年の8月24日で長男も50歳になった。彼は保育園、幼稚園、小学校、公文塾、中学校、養護学校（高等部）、地域の皆様に迷惑を掛けてきたが、そのお陰で彼は大きく成長（重度障害児から中度障害児へ、現在も日々成長している）することができた。

家内が元気ならば３人でお礼の行脚に行きたいが、それも叶わない。昔のことになってしまった。

物化学 株式会社

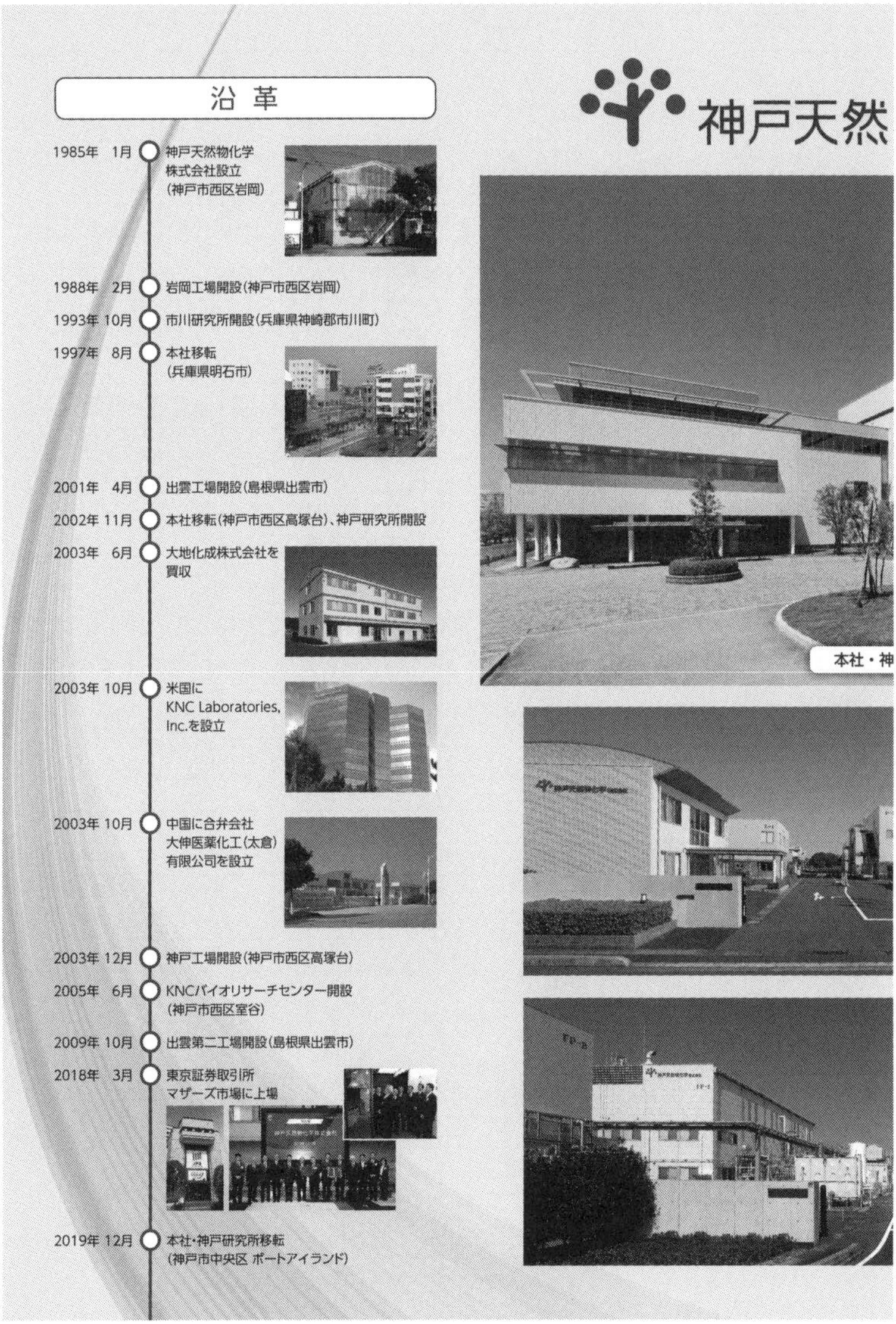

神戸天然物化学の沿革（作成：神戸天然物化学株式会社）

成長の推移（第1期～第35期）

営業期	期末 社員数(名)	売上高 (百万円)	経常利益 (百万円)	設備投資 (百万円)	償却 (百万円)	借入金 (百万円)	
第１期	3	27	▲2	6	1	7	8カ月決算
第２期	6	86	6	2	2	11	
第３期	8	164	30	4	3	27	
第４期	10	189	11	31	8	37	
第５期	16	276	16	12	11	48	
第６期	24	448	80	47	17	119	
第７期	27	487	72	65	30	109	
第８期	32	509	27	18	30	94	
第９期	36	488	28	10	31	213	
第10期	41	661	96	46	54	187	
第11期	47	624	12	37	54	165	
第12期	54	1,004	239	229	63	166	
第13期	69	1,182	184	238	95	217	
第14期	75	1,176	30	334	137	404	
第15期	80	1,136	39	21	139	505	
第16期	77	1,288	105	117	148	522	
第17期	87	1,494	91	631	276	939	
第18期	95	1,807	278	423	246	955	
第19期	113	2,527	700	927	286	1,205	
第20期	119	1,944	555	1,139	335	1,821	6カ月決算
第21期	135	3,304	379	1,616	503	2,700	
第22期	148	3,109	119	563	513	2,584	
第23期	170	3,781	556	323	424	2,092	
第24期	195	4,377	708	1,066	583	2,691	
第25期	209	4,976	687	1,330	735	2,272	
第26期	214	3,534	100	972	725	3,318	
第27期	209	3,277	▲80	246	528	2,273	
第28期	206	3,899	451	359	498	1,851	
第29期	206	3,805	238	1,251	849	1,986	
第30期	209	4,004	282	1,044	668	2,539	
第31期	212	3,811	217	1,869	697	3,978	
第32期	216	4,541	410	1,534	1,270	4,052	
第33期	237	4,768	740	509	1,008	3,237	
第34期	254	6,312	1,208	885	975	2,257	
第35期	270	6,290	1,285	2,111	755	978	
第36期	285	6,348	645	1,954	803	1,428	

※第20期までのリース費用は設備投資と償却に加算した。
※圧縮記帳は償却に加算した。

私達の目標

神戸天然物化学株式会社
広瀬克利

1. 私達は科学技術を基礎とし、良好な会社運営システムを構築して世の中に貢献できる仕事を行います。

   技術立社とそれを支えるシステムを両輪として、適切な利益を生み出す優良企業を目指します。

2. 私達は社会に役立つ仕事を社業と致します。勿論社会悪は仕事と致しません。

   生産過程で考えられる事故とか公害の防止に全力で対応致します。勿論、化学兵器とか麻薬、その他の社会悪に繋がる行為は仕事としません。

3. 私達は会社の発展をテーマとし、無理の無い範囲で会社を発展させます。

   どうすれば安定的な発展が出来るかを考え実行します。大きな失敗の無い範囲で革新と挑戦を大切にします。

4. 私達は私達の考えを受け入れていただける会社と共存共栄を図ります。

   他社との共同研究、共同開発、合弁会社の設立等を通して幅広い連携を強めます。

5. 私達はこれらの目標を達成する為に、社会の公器として行動します。

   会社は社会の一員として行動し、社員と共に優良企業を目指します。

おわりに

学校で先生は勉強をしなさい、宿題をしなさいと言う。学校には通わせるが、勉強はしなくても良いので家業を手伝えと父は言う。母は私たちを教会に連れていき神様の教育をする。小学校5年生までは両親の方針通り生きてきたので、学校では完全な落ちこぼれとなっていた。

両親の方針通りの人生の先に自分が納得できる人生があるのだろうか？　疑問は大きくなった。私の自我により、勉強をしなければと思い始めた。

私がどのように考えようとも両親の考えは変わらないので、自我を通せば家業をしながら勉強もしなければならず、大きなハンディを持って生きることになった。私の人生は多忙なものとなった。大きなハンディは私を苦しめることになるが、無形の財産を私に与えたのではないかとも思っている。多忙な人生を歩んだが、たくさんの経験を積むことができた。私の人生に自信を与えたのも確かだ。また、多忙な人生が寿命を短くした訳でもないので、面白い人生が作られたと思っている。

育てて貰っているので、自分の考えのみでは生きていけない。しかし、両親と人生についで話をしたこともないし、当然姉妹とも話をしたことはない。自分の姿を両親に見せて納得させる他はない。大学卒業までこのような関係が続いた。やっとのことで、家族の理解も得られて自分の道を歩むことができるようになったのは大学院からだ。

小学校5年生の時の夢（自我）に従って人生を切り開いてきたが、私の努力では解決できない問題が次から次へと発生した。これらの問題からも逃げることなく対応せざるを得ない。

父親が築いた大家族主義が結婚問題にも立ちはだかる。父の自我と私の自我の戦いのように思えた。何とか父親に対抗してきた。サラリーマン生活では研究活動に人生を賭けようと思っていたが人事異動で生産部、営業部へと転勤させられた。幸い研究活動も継続できたが、生産部とか営業部の仕事は手を抜けないので、研究開発の仕事に加えて本業の仕事も真面目に取り組んだ。ここでも人の2倍も働く羽目になった。勤務先で経営方針が変わり、難しい立場に追い込まれ退社を決意した。

色々な会社から勧誘があったが、神戸天然物化学株式会社を（実験台１台の研究開発会社）設立し独立を果たした。この時も父からの大変な反対に遭い、父の協力は得られなかった。会社を発展させる為に必死で働いた。母は私の結婚１カ月前に（１９７０年5月に66歳）腹水炎により早くに亡くなり、私のサラリーマン時代の活動しか知らない。

会社設立後、３年で実家の規模を追い越した。父は手の平を返したように喜んでくれたが、１９９４年10月に91歳で老衰の為に亡くなった。勉強はしなくても良い、家業を手伝えと育てた息子が、両親の意に反して、筑波大学で博士号を取得し、３人で設立した研究開発会社を３００名程度まで発展させて、マザーズに上場もできたのを知れば両親は驚いただろう。勉強をする必要はないと言われ続けたが、両親の発想に逆らい、父親から否定された学問を仕事としてきたので、不思議なものだ。

１９７２年8月に待望の長男の誕生に喜んだが、数名の医者から長男は〝自閉的傾向児で重度障害児〟と判定され〝大変な難病で治癒はしない〟と告げられた。

繊細な家内の嘆きは大変なもので、私は２人の障害児を同時に抱えたような状態になった。医者は簡単に〝不治の病〟と言うが、親は諦める訳にはゆかない。ここから長男の成長を願う戦いが始まった。

しかし、人生は悪いことばかりではない。55歳の時には筑波大学の博士課程に入学し社長をしながら学生となり二足の草鞋を履いた。何とかして63歳の時に博士号を取得できた。小学校5年生の時の夢（自我）が実現したのかも知れない。しかし、多忙な私を見て、家内のご機嫌は悪くなるばかりだ。

リーマンショックで社長退任の時期が遅れてしまったが、その頃から家内の病気が酷くなり、介護に追われる生活となってきた。２０２１年の6月末の株主総会で会長職の退任（79歳）も決まり、家内は「寂しくなりますね」とねぎらいの言葉で喜んでくれたが、退職の2週間前に帰らぬ人（6月15日、76歳）になってしまった。

家内は元気にしていたし、胃瘻手術も成功し、医者は長生きできると言っていたので、私も油断をしていた。コロナの蔓延により、有料老人ホームでの面会禁止となっていたのも残念なことだ。

超多忙な人生を駆け抜けてきた。長く働いてきたので、気が付けば男性の平均寿命の81歳となっていた。多くの同級生も亡くなり、死を意識する年齢となってしまった。浦島太郎のような心境だ。

日本人の男性の平均寿命は81歳だし、その年の男性の平均余命は6年らしい。何か癌の余命宣告をされたような気分で宜しくない。

50歳になる長男と家政婦さん（3時間／1日）とトイプードル犬1匹の生活となってしまったが、長男とはかなりコミュニケーションも取れるようになった。長男は神戸天然物化学（株）で元気に働いているし、スイミング教室（ＹＭＣＡ）とパソコン教室に通い、鉄道模型を楽しんでいる。土曜日には長男と一緒に食料の買い出しに出向くのが習慣となっている。

長男は若干コミュニケーションに問題は残るが、よく働く優しい素直な大人に育った。幼少時に医者から大変な病気で大きくなってもコミュニケーションが取れないと言われてきたが、長男との生活を楽しんでいる。

私も日々の生活を楽しみ、ささやかな社会貢献（ベンチャー支援など）ができればと思い、目立たない活動をしている。

長女夫婦も時々は様子見に帰省してくれるので、暫くは健康に配慮しながら老後の生活を楽しみたいものだ。本音を言えば後10年（父の年齢まで）程度を元気で生き延びれば嬉しいものだ。10年あれば何かをできるかも知れないので、前向きに過ごすことができるだろうと、欲深い人生を考えている。

最後になりますが、長い人生に於いて私と関わりを持って頂いた全ての方々にお礼を申し上げて終わらせて頂きます。

【著者プロフィール】

広瀬 克利（ひろせ かつとし）

1941 年生まれ、関西学院大学入学後、理学研究科修士課程化学を専攻。日本テルペン化学株式会社を経て、1985 年に神戸天然物化学株式会社を設立。有機化学品の研究・開発・生産・ソリューション事業を展開し、2018 年 3 月には東京証券取引所でマザーズに上場。1997 年には筑波大学大学院農学研究科博士課程応用生物化学専攻に入学し、農学博士号を取得。2005 年からの 3 年間同大学で大学院の集中講義（ 2 単位）を受け持ち生命産業分野で教鞭を執る。2021 年に会長を退任し、最高顧問に就任。著書に『食をプロデュースする匠たち』『最新 植物生理化学』『植物の多次元コミュニケーション』『博士教えて下さい 植物の不思議』（いずれも大学教育出版、長谷川宏司氏と共著）『大器晩成型キャリアのすゝめ』（幻冬舎）がある。

自我《じが》が人生《じんせい》を導《みちび》く
—神戸《こうべ》天然物《てんねんぶつ》化学《かがく》の起業《きぎょう》と発展《はってん》—

2024 年 2 月 29 日　第 1 刷発行

著　者　　広瀬克利
発行人　　久保田貴幸

発行元　　株式会社 幻冬舎メディアコンサルティング
〒151-0051　東京都渋谷区千駄ヶ谷4-9-7
電話　03-5411-6440（編集）

発売元　　株式会社 幻冬舎
〒151-0051　東京都渋谷区千駄ヶ谷4-9-7
電話　03-5411-6222（営業）

印刷・製本　中央精版印刷株式会社
装　丁　　杉本桜子

Printed in Japan
ISBN 978-4-344-94666-8 C0095
幻冬舎メディアコンサルティングＨＰ
https://www.gentosha-mc.com/